Von der Moldau zur Thaya

Von der Moldau zur Thaya

Südböhmen &
Südmähren erleben

Johanna Uhrmann
Erwin Uhrmann

Inhalt

Liebe Leserin, lieber Leser!

Kennen Sie eigentlich Südböhmen und Südmähren? Mit diesem Buch wollen wir Ihnen Lust machen, das Zuhause unserer Nachbarinnen und Nachbarn mit frischem Blick zu erkunden.

Als wir im Jahr 2017 an einem Buch über das Waldviertel arbeiteten, geschah es oft, dass wir in Richtung Tschechische Republik schauten und uns fragten, wie es dort wohl weitergeht. Viele der Geschichten, die wir damals recherchierten, endeten nicht an der Staatsgrenze. Seither ließ uns der Gedanke nicht mehr los, einfach dort weiterzumachen, wo wir aufgehört hatten. Also suchten wir uns die Anknüpfungspunkte. Bald waren wir von der Geschichte und Kultur unserer tschechischen Nachbarinnen und Nachbarn eingenommen, waren begeistert von der atemberaubenden Natur und den interessanten Menschen.

Wir entdeckten die faszinierende Geschichte des jüdischen Mikulov, verloren uns in der endlosen Teichlandschaft von Třeboň, staunten über die Pracht und Größe der Stadtplätze von Budweis und Telč, trafen einen Wirt, der im Feuerwehrhaus von Bítov Bier braut, schipperten am »südböhmischen Meer«, gruselten uns vor einer Vampirfürstin in Český Krumlov, erkundeten im Amphibienanzug die unterirdischen Gänge von Slavonice, ließen uns von der Schönheit der modernen Architektur in Brünn verführen, lernten »den berühmtesten aller Tschechen« kennen, lauschten andächtig der »schönsten Stimme des 20. Jahrhunderts«, feuerten die »Adler« in der Eishockey-Arena in Znaim an und standen an den alten Gleisen der Pferdeeisenbahn, die einst das Salzkammergut mit Budweis verbanden.

Europa kann nur als zusammenhängende Geschichte gedacht werden. Während der Arbeit an diesem Buch wurde es uns einmal mehr bewusst, was es bedeutete, dass die Welt zwischen Österreich und der damaligen Tschechoslowakei für ein halbes Jahrhundert geteilt war, und wie schmerzhaft die Geschichte ist, die dazu führte. Aber wir erfuhren auch von den neuen und alten Verbindungen und von jenen, die nie unterbrochen wurden.

Noch ein kleiner Hinweis: Perchta von Rožmberk, die »weiße Frau«, geistert durch dieses Buch. Werden Sie sie finden? Oder wird sie Sie kalt erwischen und gar noch erschrecken?

Dieses Buch möge die Aufregung und Freude vermitteln, die wir erlebt haben, als wir ein ganzes Jahr lang zwischen Moldau und Thaya unterwegs waren. Und es möge dazu inspirieren, sich auf diese Regionen, ihre Geschichten und Menschen einzulassen.

Wien, im Februar 2020
Johanna und Erwin Uhrmann

Wasser, Wald und Moor

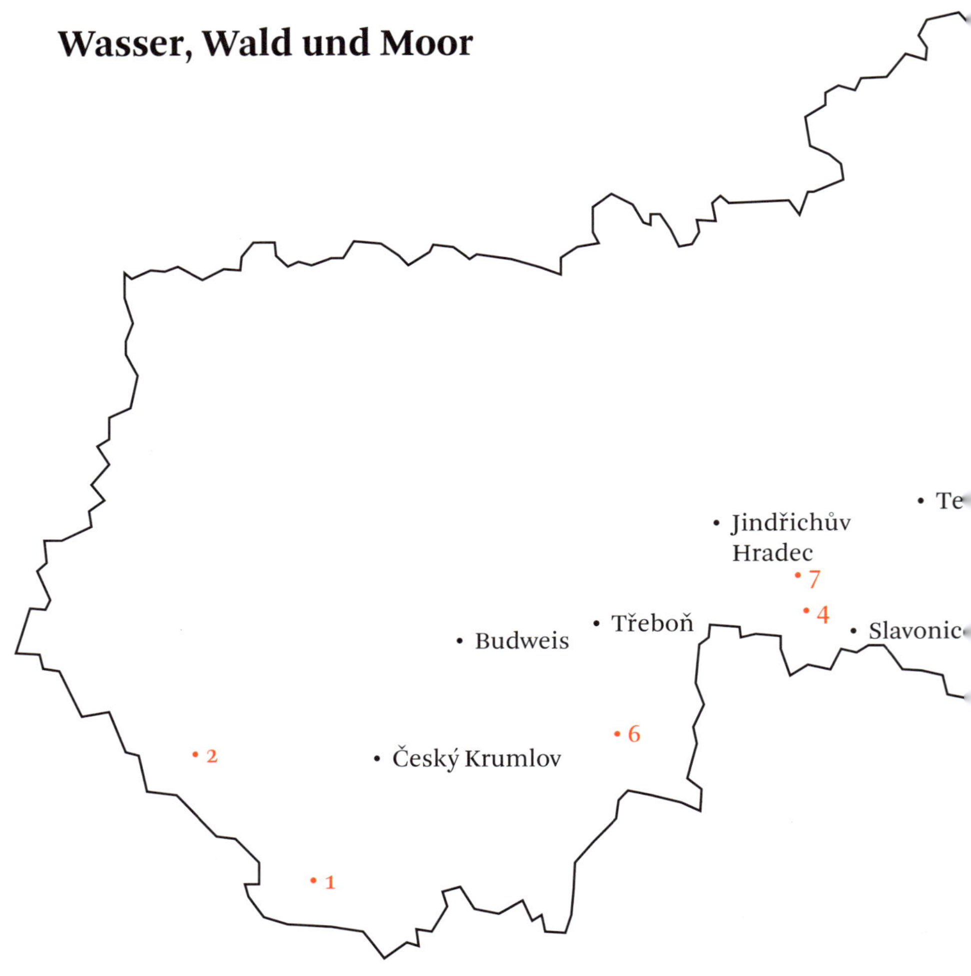

Wusssten Sie, dass … ?

… im Böhmerwald das Holz durch einen Tunnel geschwemmt wurde?

… die Burgruine Landštejn in Kanada liegt?

… rund um Mikulov köstlicher Pálava-Wein gekeltert wird?

… eine tschechische Kunstfigur mithalf, den Eiffelturm zu konstruieren?

Das südböhmische Meer

Wer braucht schon Salzwasser und Gezeiten? Der Lipno-Stausee fängt die Moldau kurz nach ihrem Ursprung ein und verwandelt die Region in ein Natur- und Freizeitparadies.

Die Assoziation mit dem Meer ist nicht von der Hand zu weisen. In der gesamten Tschechischen Republik gibt es keine größere Wasserfläche. Gespeist wird sie vom längsten Fluss des Landes, der Moldau. Drei Fähren pendeln zwischen den beiden Uferseiten, ein Ausflugsschiff macht die Runde. Strände, Wiesen und Wälder rahmen das Ufer und kleine Gemeinden schmiegen sich an das Wasser.

Entstanden ist dieses »Meer« von Menschenhand. Den Bauplan dafür lieferte erstaunlicherweise aber die Erdgeschichte. Denn bereits im Tertiär vor 65 Millionen Jahren hatte sich an der Stelle des heutigen Lipno-Stausees ein See von noch größeren Ausmaßen befunden. In diesem Ur-See erkannte der kluge Ingenieur Václav Daniel aus Plzeň einen natürlichen Regulator, der in der Lage gewesen war, größere Niederschlagsmengen aufzunehmen. Warum also die Moldau in diesem Tal nicht aufstauen?

Nach katastrophalen Überschwemmungen in den Jahren 1888 und 1890 fertigte er eine Studie über die Obere Moldau und die Maltsch an und stellte konkrete Pläne für einen umfassenden Hochwasserschutz inklusive mehrerer Stauanlangen vor. Nach seinem Tod wurden die Pläne weiterverfolgt und auch die Hochwässer blieben nicht aus – lediglich die Bevölkerung war noch zu überzeugen. Nach einer großen Flut im Jahr 1920 wurden die Planungen wieder konkreter, dann jedoch wurden sie von der Wirtschaftskrise gestoppt. Sogar die Nationalsozialisten diskutierten über ein Staudammprojekt. Nach dem Zweiten Weltkrieg kündigte die kommunistische Führung der Tschechoslowakei schließlich den Bau eines Wasserkraftwerks in Lipno an. Bis 1958 mit der Füllung des Staubeckens begonnen werden konnte, wurden mehrere Orte ausgesiedelt, eine Eisenbahnstrecke verlegt und Brücken abgetragen.

Von Frymburk aus kann man den Stausee per Ausflugsschiff erkunden.

Dennoch war es weniger die Flutung, welche die einst dicht besiedelte Region tiefgreifend veränderte, sondern die politischen Umstände im 20. Jahrhundert: die Verbrechen der Nationalsozialisten, die Vertreibung der deutschsprachigen Bevölkerung und der Kommunismus. Ein Teil der alten Welt liegt am Grund des südböhmischen Meeres. In bis zu 20 Metern Tiefe befinden sich noch Kirchen, Häuser, Straßenzüge.

Während manche Ortschaften vollkommen weichen mussten, traf es andere nur teilweise, wie etwa die Städte Frymburk, Horní Planá und Černá v Pošumaví. Es müssen dramatische Szenen gewesen sein, als sich der Fluss in einen See verwandelte. Ältere Menschen erinnern sich noch daran. Plötzlich schluckte das steigende Wasser etwa den alten Friedhof von Frymburk, und ein Stück des Ortes, und schloss sich um das Zentrum herum, das im Nu zu einer Halbinsel wurde – heute einer der malerischsten Plätze entlang des Sees.

Wer heute im See schwimmt, hat die Gewissheit, dass er sich in einem Gewässer mit Herz befindet. Im Laufe der Jahrtausende hatte die Moldau bei Nová Pec einen auffälligen Mäander in den Boden gegraben. Er wurde nach seiner Form »das Herz der Moldau« genannt. Weil die Umgebung zu einem großen Teil aus Torfmooren bestand, hat der See eine bräunliche Färbung und eine sehr gute Wasserqualität.

Info

Schifffahrtsstation Frymburk

bei Frymburk 36, 382 79 Frymburk nad Vltavou

2 Schwarzenberg'scher Schwemmkanal, Jelení

Das achte Weltwunder

Als die Städte wuchsen und die Wälder immer stärker für den Universalrohstoff Holz ausgebeutet wurden, ersann der Ingenieur Joseph Rosenauer ein technisches Wasserbauwerk, das bis heute seine Spuren hinterlassen hat.

Es braucht nicht viel Fantasie, um das spitze Portal mit den beiden Türmchen für den Eingang in eine unterirdische Welt zu halten. In das stockdunkle Innere führt ein alter, verwachsener Kanal. Vom vergitterten Eingang aus ist ganz hinten ein Licht zu erkennen – am Ende des 419 Meter langen Tunnels. Das ungewöhnliche Bauwerk mitten im Wald ist ein spektakuläres Relikt des Schwarzenberg'schen Schwemmkanals, der im 18. Jahrhundert zur Holzschwemme angelegt wurde.

Wien wuchs zu Maria Theresias Zeiten zu einer Großstadt an, sodass Brennholz einen lukrativen Absatz erzielte, ebenso wie in Prag. Adam Fürst zu Schwarzenberg, der im Besitz von großen Teilen des Böhmerwaldes war, erkannte diesen Markt, war jedoch mit dem Problem konfrontiert, dass seine Wälder schwer zugänglich waren. Das Holz musste mit Fuhrwerken verfrachtet werden. Um es aber kostengünstig über weite Strecken transportieren zu können, brauchte es einen funktionierenden Wasserweg. Über die Moldau in Richtung Prag war bei den Stromschnellen an der Teufelswand nahe Vyšší Brod schon Endstation für die Hälfte des Holzes – ein zu verlustreiches Unterfangen.

Die bessere Option war der Weg über die Donau in Richtung Wien, ein Plan, den einige Jahrzehnte später Johann I. Fürst zu Schwarzenberg dank seines erfahrenen Ingenieurs Joseph Rosenauer in die Tat umsetzen konnte. Der Landvermesser kannte die Region gut und ersann ein wasserbautechnisches Projekt, das zu seiner Zeit als achtes Weltwunder bezeichnet wurde. Dafür musste er das Holz aus

Das massive Eingangsportal zum Schwemmkanal-Tunnel gleicht dem Tor zu einem verwunschenen Märchenschloss.

den Schwarzenberg'schen Wäldern bis zur Großen Mühl bringen, von wo es nur mehr 30 Kilometer bis zur Donau waren.

Rosenauer legte einen künstlichen Kanal an und speiste diesen mit mehreren Zuflüssen und Schwemmteichen, wie der nahe gelegenen Hirschbachklause. Entscheidend war der idyllisch gelegene Plöckensteiner See, mit dessen gigantischem Reservoir sich der Wasserspiegel im Kanal kontrollieren ließ. Der schlaue Ingenieur überlistete mit seinem System von Zuläufen und Schleusen die Europäische Wasserscheide, die der Kanal zu queren hatte. Denn im Normalfall fließen die Flüsse diesseits und jenseits der Wasserscheide in unterschiedliche Richtungen, die Moldau über die Elbe in die Nordsee, die Donau ins Schwarze Meer.

Eine Ausstellung im Kanalwächterhaus informiert über das Wasserbauwerk.

Es muss ein stetes Treiben gewesen sein, das die alten, ruhigen Wälder in den Tagen der Holzschwemme erfüllte, war diese doch ein komplizierter, arbeitsteiliger Prozess. Effizienz schien auch in damaligen Zeiten der entscheidende Faktor gewesen zu sein. Denn durch den billigen Transport war der Gewinn umso höher.

Die Arbeiter mussten das geschlägerte Holz mit Rodeln an die Zuläufe transportieren, was ein rutschiges und lebensgefährliches Unterfangen war. Von dort gelangte es in den Kanal, der von hunderten Arbeitern flankiert war, die ein waches Auge auf das Geschehen hatten. Unter sie mischte sich auch die fürstliche Privatpolizei, die vor Holzdiebstahl schützen sollte. Verklemmten sich Scheite, oder bildeten sich gar Stauungen, so hatten die Arbeiter mit langen Stangen zur Tat zu schreiten um den Holzfluss wieder in Bewegung zu setzen. An der Donau wurde das Holz für den Weitertransport in Schiffe verladen. Dort fanden die Arbeiter auch die Leiche so manchen Schwemmknechts wieder, der auf tragische Weise unter das Holz gelangt war.

Der Schwemmkanal veränderte die gesamte Region. Fürst Schwarzenberg siedelte Holzfäller an, die ein Gebiet bewohnbar machten, in dem die Menschen zuvor nur über Saumpfade gewandelt waren. Auf diese Weise entstand auch der kleine Ort Jelení, in dem es ursprünglich nur ein paar Holzfällerunterkünfte gab. Anfang des 19. Jahrhunderts stieg der Holzbedarf sogar noch einmal an. Der Schwemmkanal wurde verlängert, um tiefer in die Wälder zu gelangen. Im Zuge dieser Erweiterung baute der Nachfolger von Joseph Rosenauer den imposanten Schwemmtunnel bei Jelení. Damit hatte das damals als »Wiener Kanal« bezeichnete Wasserbauwerk eine Länge von 50 Kilometern erreicht. 87 Brücken führten darüber.

Durch den Eisenbahnbau und die einfachere Verfügbarkeit von Kohle ebbte in der zweiten Hälfte des 19. Jahrhunderts das Geschäft mit dem Brennholz ab. Ein neuer Absatzmarkt war das Stammholz. Damit aber ganze Holzstämme transportiert werden konnten, musste ein Teil des Kanals umgebaut werden.

Langsam jedoch verdrängte die Eisenbahn den Wasserweg. Durch die Entwicklungen im 20. Jahrhundert konnte das grenzüberschreitende Bauwerk nur mehr abschnittsweise genutzt werden. In jüngerer Vergangenheit zum Baudenkmal geworden, wird sogar wieder Holz geschwemmt, allerdings nur im Sommer und nur zu Schauzwecken.

Das beschauliche Jelení ist heute ein Erholungsort. Im ehemaligen Kanalwächterhaus ist eine Ausstellung über den Schwemmkanal eingerichtet. Von dort aus kann man dem gluckernden, verwachsenen Kanal tief in die Wälder hinein folgen.

Info

Tunnel des Schwarzenberg'schen Schwemmkanals

Jelení, 384 51 Nová Pec

Tipp

Der Geburtsort des Kanalbauers

Joseph Rosenauer, der Baumeister des Schwemmkanals, wurde im beschaulichen Ort Chvalšiny geboren. Das Geburtshaus (Nr. 118) des »kaiserlich ernannten Landmessers und Schwemmdirektors« ist mit zweisprachigen Gedenktafeln versehen. Das ursprüngliche Rathaus (Nr. 124) beherbergt nun ein Museum mit Informationen zum Schwarzenberg'schen Schwemmkanal.

- www.chvalsiny.cz

Natur kennt keine Grenzen

Der kleinste tschechische und der kleinste österreichische Nationalpark bilden zusammen ein Naturschutzgebiet, das die alten Grenzen sprengt.

Ein Fluss kann trennen oder er kann verbinden. Ganze fünf Mal überquert die Thaya die Staatsgrenze zwischen Tschechien und Österreich. Ein Stück des Flussverlaufes markierte jahrzehntelang die harte Grenze inklusive Eisernem Vorhang zwischen der Tschechoslowakei und Österreich. Mittlerweile verbindet sie den tschechischen Nationalpark Podyjí mit dem österreichischen Nationalpark Thayatal – die jeweils kleinsten und artenreichsten in beiden Ländern.

Seit 1991 gibt es den Nationalpark Podyjí, der sich zwischen Znaim und Vranov nad Dyjí erstreckt. Dort hat der Fluss mit seinen Mäandern einen tiefen Canyon in die Landschaft gegraben. Die steilen Hänge sind mit dichten Wäldern gesäumt, aus denen dort und da eine Felswand hervorschaut. Manche Ausblicke haben in jeder Hinsicht epischen Charakter. Der Sealsfield-Stein, hoch über der Thaya, erinnert an den österreichisch-amerikanischen Schriftsteller, der als Karl Anton Postl im nahen Popice geboren wurde. Sein abenteuerliches Leben führte Charles Sealsfield, wie er sich später nannte, bis in den »Wilden Westen« und machte ihn Mitte des 19. Jahrhunderts zu einem geheimnisvollen, aber auch erfolgreichen Autor der Alten und der Neuen Welt, in deren Spannungsverhältnis er sich mit seinen Ansichten und seinem Werk befand. In Sealsfields Geburtshaus in Popice erzählt eine kleine Ausstellung vom Leben des Autors und zitiert einige Stellen aus seinem Werk, das ihn als einen Bewunderer der amerikanischen Ureinwohner offenbart.

Eine ähnliche Wildnis, wie sie Sealsfield in der Neuen Welt vorgefunden hat, breitet sich im Flusstal der Thaya aus. 152 Vogelarten, Fledermäuse und sogar die scheue Wildkatze fühlen sich in einem der letzten natürlichen Flusstäler Europas wohl. Nördlich von Hnanice macht die Thaya eine Schlinge um den Šobes, einen Hügel, dessen

Die Thaya fließt im Nationalpark durch ein unberührtes Flusstal.

Südhang die Mönche vom Znaimer Kloster Louka als Weingarten kultiviert haben, denn die Lage ist ideal dafür, das kostbare Mikroklima vergleichbar mit dem französischen Rhonetal. Als einer der edelsten Tropfen im ganzen Land galt der Šobeswein schon in vergangenen Jahrhunderten, als er am Wiener Hof kredenzt wurde. Der Großteil der Weinanbauflächen gehört mittlerweile *Znovín Znojmo*, einem der größten tschechischen Weinproduzenten. Richtig köstlich schmecken die Šobesweine in der Natur, gleich dort, wo sie angebaut werden. Vor einer kleinen Ausschank auf dem Hügel stehen im Sommer Wanderer und Radfahrerinnen Schlange.

Eine ganz andere Welt tut sich bei dem kleinen Dorf Čížov im Zentrum des Nationalparks auf. Vor dem Ortseingang befindet sich ein Parkplatz, ab hier geht es nur per pedes oder mit dem Fahrrad weiter. Am südlichen Ortsende erinnert ein 300 Meter langes Relikt des Eisernen Vorhangs gleichsam als Mahnmal an eine andere Zeit, die noch nicht einmal ein Vierteljahrhundert zurückliegt. So hat sie also ausgesehen, die Grenze inmitten Europas: ein Stacheldrahtzaun, ein Kolonnenweg und Wachtürme, die in knappen Abständen platziert waren.

Von Čížov aus lässt sich die Thaya trockenen Fußes ins österreichische Hardegg überqueren. Die Brücke gibt es seit jenen Zeiten, als Österreich-Ungarn und Böhmen noch zusammengehörten. Erst als der Eiserne Vorhang gebaut wurde, mussten die Grenzsoldaten die Holzplanken der Fahrbahn entfernen, sodass sie fast ein halbes Jahrhundert lang ein trauriges Dasein als nacktes Stahlgerüst fristete. Erst am 12. April 1990 wurde die Brücke wiedereröffnet. Seither ist sie eine Ader, die die beiden Nationalparks Podyjí und Thayatal miteinander verbindet.

Info

Nationalpark Podyjí

- www.nppodyji.cz

4 Burg Landštejn und Česká Kanada

Massive Mauern und tiefe Wälder

Als die Burg Landštejn erbaut wurde, wusste man in Europa noch nichts von Kanada. Heute ist die ganze Region danach benannt. Man findet Einsamkeit, bizarre Granitfelsen und die historischen Spuren einer Grenzregion.

Vom Bergfried der Burgruine aus betrachtet hat die Welt ein grünes Gesicht. Wie ein Teppich breiten sich die Wälder in alle Richtungen aus. Česká Kanada heißt die umliegende Region aufgrund ihrer wald- und seenreichen Landschaft und dem rauen, niederschlagsreichen Klima. Wie im echten Kanada kann es auch hier vorkommen, dass man während einer ausgedehnten Wanderung keiner Menschenseele begegnet. In der Burgruine hingegen kann es an Schönwettertagen recht lebhaft zugehen. Die massiven Mauern schrauben sich den Hügel hoch, ragen weit über die Wipfel der höchsten Bäume. Hinter den schweren Mauern möchte man meinen, dieser Ort sei uneinnehmbar. Insofern mag es eine Ironie des Schicksals sein, dass sie im 18. Jahrhundert ein Blitzschlag zerstörte.

Als Wachburg ließ der böhmische König Přemysl Otakar I. am Anfang des 13. Jahrhunderts die Anlage errichten, um das Dreiländereck zwischen Böhmen, Mähren und Österreich gut im Auge behalten zu können. Wer nackt durch die Kemenate schritt, musste damit rechnen, vom wachsamen Nachbarn beobachtet zu werden, denn direkt gegenüber befand sich auf österreichischer Seite ebenso eine Burg. Das Interesse aller Beteiligten galt dem Tal dazwischen, durch das eine Handelsader verlief, die Böhmen mit Italien verband. Bald jedoch war die Grenze verschwunden, denn König Přemysl Otakar II. wurde Herzog von Österreich. Er verkaufte die Burg Landštejn an einen Witigonen, der zu dem damals mächtigsten Adelsgeschlecht der Region gehörte und die Landštejner Linie begründete. Daraus ging im 14. Jahrhundert mit Vilém von Landštejn eine schillernde Persönlichkeit hervor, dessen Tod ebenso dramatisch wie sein Leben ereignisreich war. Er lag, wie auch viele andere Landadelige, im

Die Burg Landštejn diente einst der Grenzüberwachung. Heute können die Ruinen mit der romanischen Kapelle besichtigt werden.

Vom Bergfried der Ruine überblickt man weite Teile von Česká Kanada.

Clinch mit dem jungen König Johann aus dem Hause Luxemburg, der nach einem kurzen Gastspiel des unbeliebten Heinrich von Kärnten böhmischer König geworden war. Johann schickte Soldaten in den Süden, um den unbeugsamen Vilém kleinzukriegen. Diese konnten Landštejn aber nicht einnehmen. Daraufhin tat sich Vilém mit seinem witigonischen Onkel Petr von Rožmberk zusammen, was die königlichen Truppen letztlich zur Aufgabe zwang. Dennoch akzeptierten die beiden Witigonen Johann von Luxemburg wenig später als ihren König und Lehensherrn. Johann fand schnell in sein hohes Amt, galt als Ritter, Turnierheld und ebenso als diplomatischer Politiker. Vilém erwies sich als loyal, indem er seinem König militärisch zur Seite stand und mit sensiblen diplomatischen Diensten betraut wurde. So wurde er etwa entsandt, um die Reichskrönungsjuwelen, die zwischenzeitlich in fremde Hände gelangt waren, von München nach Prag zurückzuholen.

Ein Streit um die unterhalb der Burg verlaufende Handelsstraße bereitete ihm allerdings schon einige Zeit Kopfzerbrechen. Sie war die Quelle großen Reichtums, wurde aber von Jindřich von Hradec gegen den Willen Vilėms verlegt. Nicht einmal der König, der schlichtend eingreifen wollte, konnte die beiden Herren zur Vernunft bringen. Man tat also, was Ehrenmänner damals in solchen Fällen taten und schritt zum Duell, das für Vilém im Jahr 1365 tödlich endete. Mit dem Tod seines Sohnes Litold endete wenige Jahrzehnte später auch die Ära der Landštejner.

Für die Burg bedeutete dies, dass sie in die Hände einer neuen Adelsfamilie kam. Unter den Kraiger von Kraigk durchlief sie die stürmischen Zeiten der Hussitenkriege, machte unangenehme Bekanntschaft mit dem legendären Heerführer Jan Žižka, der sie belagerte, und erstrahlte schließlich neu renoviert im Glanz der Renaissance.

Rund um die Burg erstreckt sich der Naturpark Česká Kanada über eine beachtliche Fläche von 283 Quadratkilometern. Die vergleichsweise kurze Geschichte der Region beginnt mit ihrer Besiedelung im 12. Jahrhundert und ist im besonderen durch das dramatische 20. Jahrhundert geprägt. Sowohl die jüdische und auch Teile der tschechischen Bevölkerung wurden von den Nationalsozialisten deportiert und ermordet. Nach dem Zweiten Weltkrieg wurde die deutschsprachige Bevölkerung vertrieben. Als der Eiserne Vorhang zugezogen wurde, bedeutete dies für viele grenznahe Gemeinden das endgültige Aus. Während des Kommunismus holte sich die Natur in diesem Sperrgebiet ganze Landstriche wieder zurück, die heute zur Erholung genutzt werden.

Die oft bizarren Felsformationen aus Granit, die in den tiefen Wäldern von Česká Kanada zu finden sind, haben Einheimische und Durchreisende gleichermaßen in ihren Bann gezogen und deren Fantasie beflügelt. Sie tragen – entsprechend ihren Formen – Namen wie *Brotlaib*, *Pilzstein* oder gar *Teufelshintern*. Der legendäre Räuberhauptmann Johann Georg Grasel, der in Nové Syrovice geboren wurde, soll eine Steingruppe zwischen Slavonice und Český Rudolec als Versteck genutzt haben. Friedrich Schiller wiederum saß mit Vorliebe auf den rundlichen Giganten und soll, inspiriert von den Legenden über Grasel, dabei sein Drama *Die Räuber* ersonnen haben.

Hat man von der Burg Landštejn aus wohl einen überwältigenden Überblick über das Kanada Tschechiens, so lässt es sich mit der alten Schmalspurbahn, die zwischen Jindřichův Hradec und Nová Bystřice verkehrt, am gemächlichsten durchmessen – hat diese doch den Ruf, die langsamste im ganzen Land zu sein.

Info

Burg Landštejn

378 81 Staré Město pod Landštejnem

Von Pilgern und Mammutjägern

Zwischen Mikulov und dem Thaya-Stausee *Nové Mlýny* erstreckt sich das zauberhafte Landschaftsschutzgebiet *Pálava*. Der heilige Berg ist eine der ältesten Wallfahrtsstätten Mährens.

Der Anblick wirkt archaisch. Am Rande des pittoresken Städtchens Mikulov erhebt sich der heilige Berg mit seiner kahlen, felsigen Kuppe. Entlang des verwachsenen Weges, der hinaufführt, finden sich 14 Kreuzwegkapellen. Oben dominieren drei Gebäude das Geschehen – ein Campanile, eine Kapelle und eine Kirche. An Wochenendtagen kann man vom Stadtplatz aus beobachten, wie die Menschen in kleinen Gruppen und Familienverbänden die Serpentinen entlang hochspazieren und der kahle Berg sich langsam mit Menschen füllt, die die Sicht von oben auf die Stadt genießen. In solch einem Szenario fällt es leicht, sich vorzustellen, wie die Pilgerinnen und Pilger in der frühen Neuzeit den steilen Weg hochgingen, um in der Kirche des heiligen Sebastian – dem Beschützer vor Seuchen und Pest und dem Schutzpatron mehrerer Berufsstände – zu beten.

Der heilige Berg ist eine der ersten Wallfahrtsstätten Südmährens. Den Grundstein dafür legte Kardinal Franz von Dietrichstein im Jahr 1623. Er war zum damaligen Zeitpunkt Statthalter von Mähren und am Gipfel seiner Macht angelangt. Ein Jahr später sollte ihn der Kaiser in den Reichsfürstenstand erheben. Von seinem Vater, der Botschafter des Heiligen Römischen Reiches in Spanien war, hatte Franz von Dietrichstein nicht nur die Herrschaft von Mikulov, sondern große Ländereien in Mähren geerbt – ein Grundbesitz, den er im Laufe seines Lebens noch vergrößerte. Als Freund des Papstes, den er während seiner Studien in Rom kennengelernt hatte, stieg er schon mit 29 Jahren zum Kardinal auf. Zum Erzbischof von Olomouc ernannt, war Franz von Dietrichstein die treibende Kraft der Rekatholisierung in Mähren. Er stiftete mit seinem Vermögen Klöster, setzte sich aber auch für Kunst, Wissenschaft und Bildung ein. Auch die

Über der Stadt Mikulov thronen die weiße Wallfahrtskirche und ihr Turm. Von hier aus bietet sich ein wunderbarer Ausblick über die Pálava-Region.

Dietrichsteiner Gruft – das markanteste Gebäude auf dem Stadtplatz von Mikulov – geht auf den Kardinal zurück. Dort hatte er ursprünglich den Nachbau der Casa Santa im italienischen Loreto als Wallfahrtsort initiiert. Nachdem die daraus hervorgegangene St.-Anna-Kirche im 18. Jahrhundert abbrannte, wurde sie umgestaltet und diente fortan als Grablege der Dietrichsteiner.

Von seiner historischen Bedeutung als Wallfahrtsort abgesehen, ist der heilige Berg ein Naturreservat, eine steppenartige Landschaft mit einer eigentümlichen Tier- und Pflanzenwelt: der einzige Ort Tschechiens, an dem das zierliche Federgras wächst, außerdem acht verschiedene Veilchenarten, Wiesensalbei und vieles mehr.

Vom heiligen Berg führen Wanderwege in das Landschaftsschutzgebiet *Pálava*, über die karstigen Felsen der Pollauer Berge bis zum Thaya-Stausee *Nové Mlýny*, für dessen Errichtung in den 1980er Jahren wertvolle Auwaldgebiete geflutet wurden.

Vom heiligen Berg aus ist auch der Pulverturm *Kozí hrádek* auf der nördlichen Seite von Mikulov zu sehen. Weht die Fahne, ist er zugänglich. Nur ein Stück weiter stadtauswärts befindet sich die Kalksteinhöhle *Na Turoldu* mit ihren Domen und tiefen Gängen. Bizarre Formationen aus Kalkgestein finden sich ebenso in der Landschaft. Bei den *Kočičí skála (Katzensteinen)* zwischen Mikulov und Klentnice soll sich einer Sage nach ein von Zwergen gehüteter Schatz befinden.

Und schließlich mangelt es im Pálava-Gebiet auch nicht an Burgruinen. Bei Klentnice erhebt sich der Tafelberg *Stolová hora*, auf dem die Ruine *Sirotčí hrádek* steht. Der Devin ist die höchste Erhebung der gesamten Region und ein Postkartenmotiv. Auf ihm thront die noch gut erhaltene, massive Ruine der Burg *Děvičky*. Sie existierte schon Anfang des 13. Jahrhunderts und befand sich später im Besitz der Familie Dietrichstein, die sie zu einer richtigen Bastion ausbauen ließ. Im Dreißigjährigen Krieg wurde die Burg von schwedischen Truppen besetzt und zerstört. Zwar bauten die Dietrichsteiner sie wieder auf, warfen aber das Handtuch, nachdem sie erneut einem Brand zum Opfer gefallen war. Eine Zeitlang wurde die Burg als Wachposten genutzt, da man von hier die umliegende Region perfekt überblicken kann.

Lange, bevor die mächtigen Burgen gebaut wurden, machten schon die Mammutjäger in der Umgebung Halt. Sie hinterließen einen der ältesten bekannten Kunstgegenstände, eine Venus-Figurine aus Keramik. Die Venus von Dolní Věstonice wurde 1925 bei

Im Archeopark Pavlov wird man um 30.000 Jahre in der Zeit zurückversetzt und kann mehr über das Leben der Mammutjäger in der Pálava-Region erfahren.

Ausgrabungen gefunden. Wie die steinzeitlichen Jäger und Sammler tatsächlich lebten, kann man im Archeopark Pavlov in Erfahrung bringen. Das archäologische Museum, für das die Architekten Radko Květ und Pavel Pijáček mit dem tschechischen Architekturpreis ausgezeichnet wurden, verbindet sich organisch mit Landschaft und Boden der Naturregion.

Im kalkhaltigen Boden liegt nicht nur das Vermächtnis der Vergangenheit, sondern auch ein Geheimnis des guten Weins. Die Pálava-Region ist nach dem kleinen Ort Pavlov benannt, in dem der Weinbau eine lange Tradition hat. Am Dorfplatz wohnten die reichen Weinbauern, was sich in den prächtigen alten Häusern mit ihren barocken Giebeln widerspiegelt. Mehrere Straßen sind von alten Winzerhäusern mit Weinkellern flankiert. Weinliebhaberinnen und Weinliebhaber sollten die Gelegenheit nutzen und verkosten. Dabei darf der Pálava nicht fehlen, ein Weißwein, der nach der Region benannt wurde. Die Rebsorte ist eine Kreuzung zwischen Rotem Traminer und Müller-Thurgau, hat traminer-ähnlichen Geschmack und eine blumige Note.

Info

Der heilige Berg

Svatý kopeček u Mikulova, 692 01 Mikulov

Archeopark Pavlov

23. dubna 264, 691 29 Pavlov

6 Torfmoor Červené blato, Petříkov

Sensible Schönheit

Das Torfmoor bei Petříkov erzählt von einer jahrtausendealten ökologischen Entwicklung, es zeigt die Wechselwirkung von Natur und menschlichem Fortschritt.

Es gibt sie, die Geschichten von Irrlichtern und herumgeisternden verlorenen Seelen im Moor. Dabei könnte es nicht falscher sein, ein derart fragiles ökologisches Gebilde mit Schauermärchen zu belegen. Eine Wanderung im Torfmoor Červené blato – was soviel bedeutet wie »roter Schlamm« – mutet an wie ein Ausflug in die nordische Tundra. Ein Lehrpfad informiert über Flora und Fauna. Dort, wo der Boden nachgibt, geht man auf Holzbohlen. Zwischen Moor und Moosen ergeben sich tiefe Einblicke in eine uralte, allmählich vom Verschwinden bedrohte Naturlandschaft. Seit 1953 ist ein Teil davon geschützt, seit Anfang der 1990er Jahre gilt Červené blato als nationales Naturreservat.

Das Moor ist Ergebnis einer sehr weit zurückliegenden ökologischen Entwicklung. Am Ende der letzten Kaltzeit vor etwa 10.000 Jahren war das gesamte Třeboňer Becken eine baumlose Steppentundra. Mit der Erwärmung entwickelten sich Wälder und Moore. Macht man einen großen Zeitsprung, so landet man im Mittelalter, in dem die Wälder gerodet und das Sumpfgebiet mithilfe von Kanälen entwässert wurde. Die für das Třeboňer Becken typische, vom Menschen gemachte Teichlandschaft begann zu entstehen.

Die Glaserzeugung wurde in Böhmen zu einem wichtigen Wirtschaftszweig. Eine der bedeutendsten Glashütten stand in der nahen Siedlung Jiříkovo Údolí. Anfang des 19. Jahrhunderts machte Graf Georg Franz August von Buquoy dort eine Reihe von Versuchen, die zur Herstellung von Hyalithglas führte. Dabei handelte es sich um opakes Glas – eine revolutionäre Entdeckung, konnte es etwa neben kunstvollen Erzeugnissen zur Herstellung von Gefäßen für lichtempfindliche Arzneien und Chemikalien verwendet werden. Mitte des 19. Jahrhunderts übernahm die Firma Stölzle die Glashütte. Die

Über einen Holzsteg gelangt man weit in das Torfmoor hinein.

Glasproduktion verschlang massenhaft brennbares Material, weswegen bald der Torf aus dem Moor das rar gewordene Holz ersetzte – bis zu 18 Millionen Torfziegel pro Jahr wurden verbrannt.

In der zweiten Hälfte des 20. Jahrhunderts wurden Torfmoore systematisch entwässert, um Waldflächen zu gewinnen und auch um Torf abzubauen. Dieser wird noch heute von Gärtnereien oder für Kurzwecke genutzt. Dort, wo Torf gewonnen wurde, regenerieren sich die Flächen nur langsam wieder.

In Červené blato fühlen sich widerstandsfähige Pflanzen wohl, die mit gleich mehreren extremen Situationen umgehen können: sehr feucht, heiß und kalt. Entlang des Pfades wachsen Sumpfkiefern und Moor-Spirken, zahlreiche Moose und Pilze, Heidekraut, Wollgras, der rundblättrige Sonnentau, allerhand Beeren und äußerst selten vorkommende Pflanzen wie die Polei-Gränke. In den Bäumen sind die Vögel zu hören, auffällig ist der Buntspecht. Auf den Holzbohlen huscht die eine oder andere Waldeidechse davon, seltener ist eine Kreuzotter zu sehen und noch seltener durchstreifen Luchs und Elch das Gebiet.

Info

Torfmoor Červené blato

Eingang nahe Jiříkovo Údolí 7, 374 01 Petříkov

Tipp

Kirche zur heiligen Dreifaltigkeit bei Trhové Sviny

Etwas außerhalb der Stadt steht die kleine Barockwallfahrtskirche mitten im Feld. Ihrem Patrozinium zu Ehren ist sie dreieckig angelegt, mit dreieckigen Fenstern und drei kleinen Türmchen. Im Inneren befinden sich drei Altäre. Die nahe Kapelle beherbergt eine Heilquelle, die bei Augenleiden helfen soll.

7 Bahnhaltestelle Kaproun und Jára-Cimrman-Denkmal, Kunžak

Dem tschechischen Humor auf der Spur

An der Bahnhaltestelle Kaproun wurde dem angeblich berühmtesten Tschechen aller Zeiten ein Denkmal errichtet. Jára Cimrman ist ein moderner Mythos und der personifizierte tschechische Humor.

Die Haltestelle der Schmalspurbahn Jindřichův Hradec – Nová Bystřice befindet sich mitten im Wald. Ein verträumter Sehnsuchtsort für Eisenbahnromantikerinnen und -romantiker, zumal im Sommer Lokomotiven und Waggons aus der Gründungszeit der Bahn, Ende des 19. Jahrhunderts, unterwegs sind, was zu Ausflügen in die Vergangenheit durch großteils unberührt wirkende Landschaften einlädt.

Der Station Kaproun hat allerdings noch ganz andere Qualitäten, und zwar als Wallfahrtsort. Neben der Haltestelle befindet sich ein seltsamer Steinhaufen und der Betonabguss eines Riesen. Dabei handelt es sich um ein Denkmal für Jára Cimrman, der hier in einer Juninacht im Jahr 1930 aus dem Zug geholt worden sein soll. Hört man sich um, so gilt dieser ohne jeden Zweifel als der bekannteste und berühmteste Tscheche aller Zeiten. In einer Umfrage, in der das tschechische Fernsehen im Jahr 2005 die bedeutendsten Landsleute ermitteln wollte, gilt er als inoffizieller Gewinner. Wurde er doch zur Empörung der Bevölkerung aus dem Wettbewerb ausgeschlossen, da er eine erfundene Persönlichkeit ist.

Begonnen hat seine Erfolgsgeschichte, als der Schauspieler und Dramatiker Zdeněk Svěrák in den 1960er Jahren im Radio über den Universalgelehrten, Erfinder, Dichter, Dramatiker, Philosophen, Sportler und Kriminalisten Cimrman berichtete. Geboren Mitte des 19. Jahrhunderts in eine österreichisch-tschechische Familie in Wien, soll er nach Prag gegangen sein und schließlich die ganze Welt bereist haben, wobei er jederzeit sein Wissen großzügig zur Verfügung stellte. In Paris soll er einen gewissen Herrn Eiffel getroffen haben.

Wer das Jára-Cimrman-Denkmal bei der Bahnhaltestelle Kaproun besucht, legt einen Stein auf den Haufen, der von Jahr zu Jahr größer wird.

Der sei grübelnd über einem Modell für einen Turm gesessen, bis Cimrman ihm klar gemacht habe, dass er bloß die Stützpfeiler nach außen drehen müsse – und fertig war der Eiffelturm. Aber damit nicht genug, der US-amerikanischen Regierung soll er den Bau des Panama-Kanals vorgeschlagen haben. Es wurde sogar gemunkelt, dass man ihn als Präsidentschaftskandidat gehandelt hätte. Zudem habe Cimrman Theaterstücke verfasst, und die werden seit 1967 in einem eigens gegründeten Theater in Prag zur Aufführung gebracht. Vor jeder Aufführung findet außerdem ein Seminar statt, in dem die neuesten Ergebnisse der Cimrmanologen – so nennt man die Cimrman-Forschenden – öffentlich diskutiert werden. Das legendäre Cimrman-Theater in Prag wurde zu Zeiten der ČSSR sogar von der Geheimpolizei beobachtet und in den humoristischen Darstellungen subversive Botschaften geortet.

Landauf landab spricht man über Cimrman, als ob es ihn wirklich gegeben hätte – mit einem Augenzwinkern. Tatsächlich sind in ganz Tschechien Straßen nach ihm benannt.

Info

Bahnhaltestelle Kaproun und Jára-Cimrman-Denkmal

378 33 Kunžak

Stadt- und Landgeschichten

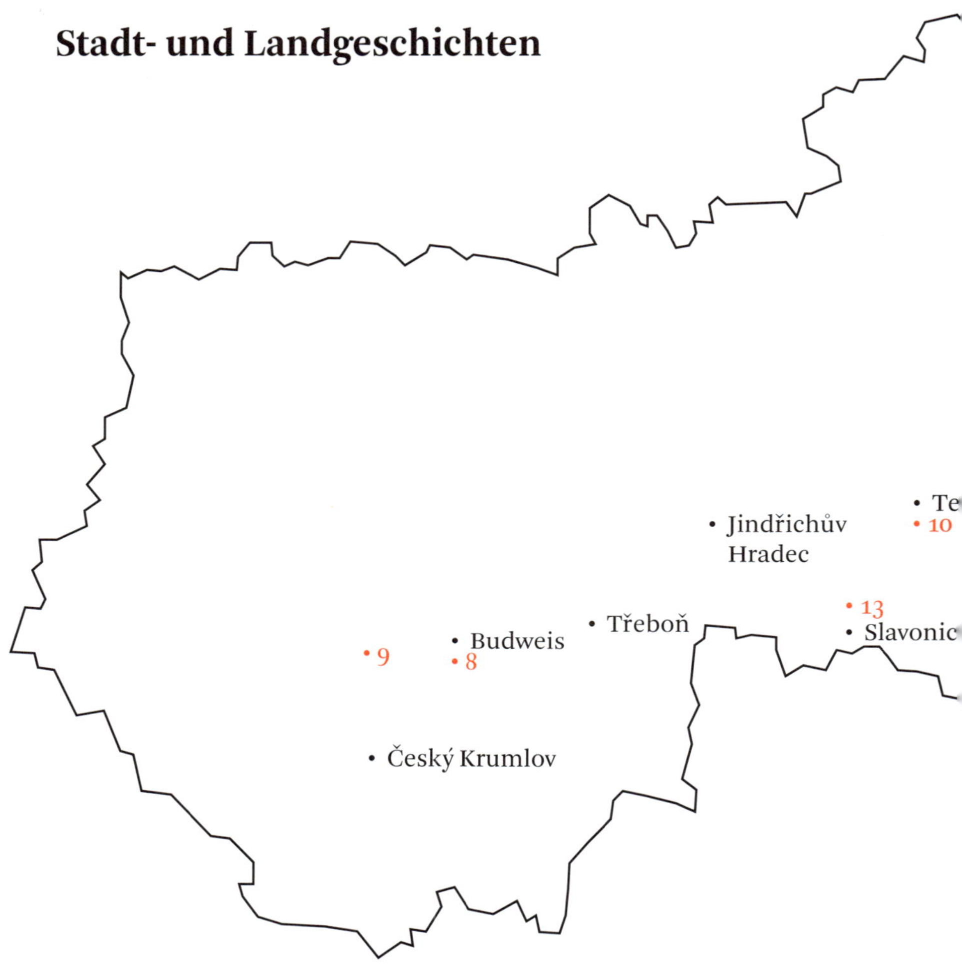

Wusssten Sie, dass …?

… im Budweiser Wachturm eine Ziege lebte?

… das jüdische Mikulov einst »Stern von Israel« genannt wurde?

… Sie den Hauptplatz von Slavonice unterirdisch durchqueren können?

… in der Znaimer Eishockey-Arena die »Adler« über das Eis fegen?

Über Irrwege zu den Sternen

Der große Přemysl-Otakar-II.-Platz wird oft als schönster Stadtplatz Tschechiens bezeichnet. Doch er birgt auch seine Tücken.

Hier finden Sie die Anleitung zu einem kleinen Experiment. Aber Achtung, Sie benötigen dazu eine unwissende Begleiterin oder einen unwissenden Begleiter. Sollte etwas schiefgehen, wird keine Haftung übernommen. Nun also, für die Mutigen unter Ihnen: Suchen Sie im Geheimen den auffälligen Pflasterstein in der Nähe des Samsonbrunnens. Warten Sie bis nach 22 Uhr und sorgen Sie anschließend dafür, dass Ihre Begleitung unmerklich über den Stein steigt. Ist die Mission erfüllt, sollten Sie sich alleine und auf dem schnellsten Weg in Ihre Unterkunft zurückschleichen. Wenn ihre Begleitung nicht mehr dorthin zurückfindet, dann haben Sie die Legende vom »Irrstein« positiv auf seinen Wahrheitsgehalt überprüft. Für die weniger Skrupellosen unter Ihnen gibt es genug andere Attraktionen. Der nach König Přemysl Otakar II. benannte Platz ist auf einer Seite 132 und auf der anderen 137 Meter lang und zählt zu den größten in der Tschechischen Republik. Genug Platz gibt es für Zauberer und Artisten, vor denen sich an warmen Tagen ganze Menschentrauben ansammeln.

Gigantische Ausmaße hat auch die kreisförmige Muschel des Samsonbrunnens mit einem Durchmesser von 17 Metern. Ein Steinmetz fertigte sie im Steinbruch von Besednice bei Trhové Sviny aus einem Stück Sandstein an. Es bedurfte einiger Tüftelei und 62 Pferde um die Schüssel ins etwa 25 Kilometer entfernte Budweis zu befördern. Am Stadttor war zunächst Endstation, bis es für den Durchlass verbreitert worden war. Getragen wird die Muschel, auf welcher der biblische Samson mit einem Löwen ringt, von vier riesigen Atlanten. Der barocke Brunnen entstand im Rahmen des Wiederaufbaus der Stadt nach dem Dreißigjährigen Krieg und stellte die Wasserversorgung für die umliegenden Häuser sicher. Wer die originalen Statuen sehen will, muss ins Rathaus gehen, denn seit der Restaurierung befinden sich am Brunnen Kopien.

Der Samsonbrunnen bildet das Zentrum des gigantischen Hauptplatzes von Budweis. Dahinter wacht der Schwarze Turm über die Stadt.

Im Bogengang des Rathauses befindet sich eine Metallstange, die einen praktischen Zweck erfüllte. Es handelt sich dabei um die Wiener Elle, das offizielle Längenmaß von 77,3 Zentimetern, welches an dieser prominenten Stelle den Geschäftstreibenden am Markt zum Abgleich diente. Der Besuch des Rathauses lohnt sich allein schon deswegen, weil man von der Dachterrasse endlich die gesamte Dimension des Přemysl-Otakar-II.-Platzes erfassen kann, der von prächtigen Bürgerhäusern eingerahmt ist, die zumeist im 16. Jahrhundert zu Residenzen umgebaut wurden. Bei genauer Betrachtung ist auch ein modernes Gebäude zu erkennen. Die *Česká spořitelna (Tschechische Sparkasse)* wurde in den 1930er Jahren gebaut und gilt als Meisterwerk des Funktionalismus. In unmittelbarer Nähe steht der *Schwarze Turm*. Dort lebte bis in die 1950er Jahre ein Turmwächter mit seiner Familie und einer Menge Tieren wie Kaninchen und Ziegen. Er hatte ein waches Auge auf die Stadt, um beim ersten Anzeichen von Rauch oder Flammen Alarm zu schlagen. Der Glockenturm, in dem die 3,5 Tonnen schwere Bummerin läutet, wurde im 18. Jahrhundert wegen seines damals schäbigen Zustandes zum *Schwarzen Turm* umbenannt.

Vorsicht vor dem »Irrstein« – selbst ein Hotel in Sichtweite kann den Zauber nicht brechen.

In sternklaren Nächten ist der große Platz ein Fenster ins Weltall. Dass Budweis für ein Abschweifen in den Sternenhimmel der richtige Ort ist, hat vor allem damit zu tun, dass es die Heimatstadt des ersten und bisher einzigen Tschechen im Weltraum ist. Als Vladimír Remek am 2. März 1978 vom Weltraumbahnhof Baikonur aus in den Kosmos startete und in einer Sojuskapsel zur sowjetischen Raumstation Saljut 6 flog, war er zudem der erste Raumfahrer, der nicht aus der Sowjetunion oder den USA stammte. Damals witzelte die Bevölkerung: »Wir haben kein Fleisch, es gibt keine Autos, aber wir haben einen Kosmonauten.« Dieser Ausspruch sagt viel über die

Lebensbedingungen der Menschen in der kommunistischen Ära. Ein prächtiger Platz wie jener in Budweis kann nicht über die schwierigen Zeiten hinwegtäuschen, welche das wechselhafte 20. Jahrhundert gerade der Tschechischen Republik auferlegt hat, und welche sich am besten in einzelnen Schicksalen und Lebensgeschichten erfassen lassen.

Budweis ist auch die Heimatstadt der Sängerin Marta Kubišová, die über Umwege zu einem Symbol des Widerstands gegen das kommunistische Regime wurde. Zunächst erlebte sie einen steilen Aufstieg als Chanson- und Schlagersängerin in den 1960er Jahren, gewann Wettbewerbe und trat rasch mit den Größen dieser Zeit auf. Im Jahr 1968 wurde Alexander Dubček neuer Generalsekretär der Tschechoslowakischen Kommunistischen Partei und wollte durch Reformen einen Sozialismus mit menschlichem Antlitz erreichen. Diese Tauwetter-Periode, auch *Prager Frühling* genannt, wurde rasch durch den Einmarsch der Warschauer-Pakt-Truppen niedergeschlagen. Marta Kubišová hatte damals gerade die *Goldene Lyra*, einen wichtigen Musikpreis in Bratislava, gewonnen – allerdings mit einem Lied, das den sowjetischen Soldaten für die Befreiung im Jahr 1945 dankte. Als die Panzer in Prag einrollten, wollte sie es nicht mehr singen. Rasch entstand das Lied *Modlitba pro Martu (Gebet für Marta)*, das sich, zunächst ganz ungeplant, zu einer Hymne des Widerstands entwickelte. Das hatte zur Folge, dass die Sängerin vom Regime weitgehend eingeschränkt wurde. Um ihre Beliebtheit zu diskreditieren, verbreitete das Regime sogar Nacktfotos von einer Frau, die Kubišová ähnlich sah.

Die Sängerin schloss sich 1976 der Bürgerrechtsbewegung *Charta 77* an, die von Václav Havel mitbegründet wurde, und war eine Zeitlang ihre Sprecherin. Ein Schlüsselereignis für die Charta war die Verhaftung der Mitglieder der Underground-Band *Plastic People of the Universe* im Jahr 1976. Zwei Jahre zuvor hatte die Band nach einer Reihe von gewaltvollen Polizeiaktionen, dem sogenannten »Budweis-Massaker«, beschlossen, aktiv politisch zu agieren. Die Polizei hatte damals ein Underground-Festival im nahen Rudolfov gestürmt und Beteiligte und Unbeteiligte in der Budweiser Umgebung festgenommen oder schikaniert. Die Band konnte erst wieder nach der Samtenen Revolution offiziell auftreten. Marta Kubišová erlebte 1989 ein fulminantes Comeback und konnte eine zweite Karriere starten. Diese beendete sie 2017 mit einem Abschiedskonzert in Budweis.

Info

Náměstí Přemysla Otakara II.

370 01 České Budějovice

9 Dorf und Stonehenge, Holašovice

Stuck und Steine

Das aus dem Mittelalter original erhaltene Dorf Holašovice ist ein Musterbeispiel des Bauernbarocks. Abseits der Gehöfte steht ein geheimnisvoller Steinkreis.

Ein Ort für wirklich alle Sinne ist Holašovice, sogar für den sogenannten sechsten. Zunächst aber ist der Sinn für das Schöne gefordert. Würden Tolkiens Hobbits wissen, wie das kleine Dorf und seine Umgebung aussehen, sie würden womöglich das Auenland verlassen und von Mittelerde in die Tschechische Republik auswandern. So viel ländliches Idyll bekommt man selten zu sehen: Mückenschwärme flirren im warmen Nachmittagslicht, das sich wie ein zarter Film auf die schmucken Fassaden legt, stattliche Laubbäume umstellen den sattgrünen Dorfanger, Frösche geben ein Konzert im Teich, ein Pferdefuhrwerk klappert langsam über den Platz, ein großer Leiterwagen steht unter der Kapelle, der Schatten einer hölzernen Brunnenpumpe wirft sich gegen ein Tor, Hügel und Wiesen umschmiegen die Höfe mit ihren dicken Mauern und kleinen Fenstern. Es ist schwer, aus dem Schwärmen wieder herauszukommen, aber auch kein Wunder. Immerhin ist das Dorf ein Musterbeispiel für den böhmischen Bauernbarock und als solches auch UNESCO-Weltkulturerbe. Dennoch ist Holašovice kein Freilichtmuseum. Die Häuser sind bewohnt und trotz 100.0000 neugieriger Besucherinnen und Besucher jedes Jahr gibt es in dem 150-Seelen-Dorf ein ganz normales Landleben.

Wie es sich gehört, gibt es auch ein Dorfgasthaus (Nr. 18), in dem man sogar übernachten kann. Im Hof Nr. 6 befindet sich eine Ausstellung über traditionelle Landwirtschaft in Südböhmen, in der Dorfmitte eine Kapelle und eine Keramikwerkstatt. In Holašovice darf auch eine Schmiede nicht fehlen. Die 23 Höfe auf dem Dorfplatz sind alle durch Schutzmauern miteinander verbunden. Jeder Hof besteht aus mehreren Gebäudeteilen mit Scheunen, Ställen und Wohngebäuden und hat zumeist ein großes Hoftor für die Pferdefuhrwerke und daneben eine Eingangstür.

Ein Dorf wie aus dem Bilderbuch: Die Häuser von Holašovice mit ihren mannigfaltigen barocken Verzierungen reihen sich dicht aneinander.

Wem England zum kosmischen Krafttanken zu weit weg ist, kann sich in den stimmungsvollen tschechischen Steinkreis begeben und Energien spüren.

In der ehemaligen Schule befinden sich ein Informationszentrum und eine Ausstellung über die Geschichte der einzelnen Häuser und des Ortes: Zwischen 1520 und 1525 suchte eine Pestepidemie das kleine Dorf heim, lediglich zwei Menschen überlebten sie. An die Katastrophe von damals erinnert eine Pestsäule am nördlichen Ortsrand. Das Kloster Vyšší Brod besiedelte Holašovice wieder – mit deutschsprachiger Bevölkerung. Der Grundriss des Dorfes blieb vom Mittelalter an erhalten, auch die Anzahl der Gehöfte hat sich nicht verändert. Der Bauernbarock hielt im 18. und 19. Jahrhundert Einzug. Damals wurden die Giebel mit Stuck verziert, der einfache Muster, Pflanzenmotive und Ornamente aus Zacken und Kreisen bildete.

Als Holašovice Teil des Deutschen Reiches wurde, musste die tschechische Bevölkerung ins Landesinnere fliehen. Nach dem Zweiten Weltkrieg musste wiederum die deutschsprachige Bevölkerung die Tschechoslowakei verlassen und das Dorf war ein weiteres

Mal fast menschenleer, bis sich langsam wieder tschechische Bevölkerung ansiedelte. Holašovice und sein gut erhaltenes Ortsbild gerieten in Vergessenheit, bis 1975 der Film *Prodaná nevěsta (Die verkaufte Braut)* von Václav Kašlík das Dorf in Szene setzte. Ab den 1990er Jahren wurden die Gehöfte schließlich renoviert.

Auf einer der Bänke, die um den Dorfteich stehen, lässt es sich angenehm sitzen und die Atmosphäre genießen. Holašovice ist zwar ein Musterbeispiel, aber kein Einzelfall, was den Bauernbarock betrifft. Die gesamte Region ist eine Hochburg der südböhmischen Volksarchitektur, und fährt man in andere Dörfer, so lassen sich auch die unterschiedlichen Ausprägungen erkennen. Im 20 Kilometer entfernten Plástovice befindet sich das Informationszentrum des südböhmischen Bauernbarocks.

An Schönwettertagen bietet sich ein Spaziergang über den Dorfplatz hinaus zu den Wiesen, Feldern und Wäldern an, welche die Gehöfte einrahmen. Am südöstlichen Ortsrand lässt sich eine kuriose Tatsache feststellen: Stonehenge befindet sich nicht nur in England, sondern auch am Rand von Holašovice. Der große Unterschied: Die Gehöfte im Dorf sind hier älter als der Steinkreis.

Die Megalithen wurden im Jahr 2008 auf einem Feld der Familie Jílek aufgestellt, die eine Firma für Holzbrikett-Produktion und Erdarbeiten betreibt. Zweiteres ist insofern spannend, da man in der Anlage auch erfährt, wie die massigen Steingiganten im Boden verankert sind. Darüber hinaus gibt es aber auch eine Anleitung, wie der Steinkreis nutzbar ist, für den der Budweiser Psychotroniker Pavel Kozák fachlich Pate stand. Der grundlegende Stein wurde im Jahr 2003 vor dem Gemeindeamt von Jankov ausgegraben. Dieser Menhir bildet das Zentrum des aus 25 Steinen bestehenden Kreises.

Das Gelände befindet sich in ständiger Erweiterung, so kam etwa ein Dolmen – ein vier Meter hohes Felstor – dazu. An Wochenenden kann man gelegentlich auch Brautpaare sichten, denn das Areal mit seinen archaischen Energien wird immer beliebter für Hochzeiten.

Info

Informationszentrum Holašovice

Haus Nr. 43, 373 83 Holašovice

• www.holasovice.eu/en

Stonehenge in Holašovice

Südlich des Hauptplatzes, 373 83 Holašovice

• www.jihobrik.cz/holasovicke-stonehenge

Modenschau mit Fassaden-Chic

Achtung: Telč gilt als Perle der Renaissance. Wer wissen will, was ein heftiger Wow-Effekt ist, muss nur den Hauptplatz betreten.

Könnten Häuser sprechen, dann würde es in Telč einige bekannte Geschichtenerzähler geben. Sie würden gewaltig protzen mit ihrer Fassaden-Haute-Couture aus vier Jahrhunderten. Aber da sie eben nur Häuser sind, muss man das Sprechen den Menschen überlassen. »Ich möchte wetten, dass es bei uns keinen schöneren Marktplatz als den in Telč gibt«, schrieb der Autor Karel Čapek. Das bunte Ensemble der Häuser mit den hohen Giebeln, »mit schönen Konturen und mit Stuck«, die offenen Laubengänge und der »mit Katzenköpfen gepflasterte Marktplatz« erschienen ihm friedlich und altertümlich, sodass er resümierend forderte: »... lasst ihm nichts geschehen!« Diesem einfachen Wunsch des großen Schriftstellers, der die Gefahren des 20. Jahrhunderts vorab erkannte, aber schon 1938 an einer Lungenentzündung starb, wurde tatsächlich entsprochen, als der Telčer Stadtkern 1992 in die Liste des Weltkulturerbes der UNESCO aufgenommen wurde.

Um Čapeks Begeisterung nachzuvollziehen, reicht es, den Platz zu betreten. Glücklicherweise ist der Verkehr stark reglementiert, sodass man das Panorama voll und ganz auf sich wirken lassen kann. Fotografieren ist zwecklos. Die 360-Grad-Schönheit lässt sich nicht einfangen, sondern ist vielmehr ein großes und enorm detailreiches Panoptikum der Baustile, in dem Gotik, Renaissance und Barock zusammenwirken wie in einem fertigen Puzzle. Manche der Häuser sind heute sogar noch schöner als zu Čapeks Zeiten, waren doch die historischen Fassaden damals noch mit Putz überdeckt.

Ihren Glanz verdankt die Stadt dem »Goldenen Zeitalter«, das der humanistisch gesinnte Zachariaš von Hradec (Neuhaus) einleitete, der sich zu einem richtigen Magnaten entwickelte und eine Zeitlang Landeshauptmann Mährens war. Nachdem er 1531 die Herrschaft Telč geerbt hatte, setzte er auf die populäre Teichwirtschaft

Ob Zinne, Sgraffito, Stuck oder opulenter Giebel: Bei der Gestaltung der Renaissance- und Barock-Hausfassade ist alles erlaubt, das auffällt.

und das Handwerk. Ausschlaggebend für das umfassende Facelift des mittelalterlichen Telč zum Renaissance-Look war ein Brand, der Teile der Stadt zerstört hatte.

Der Besitzer von Haus Nr. 15 nutzte seine Fassade als Erinnerungsalbum.

Ganz offensichtlich ist die Gotik noch an den spitzen Portalen einiger Häuser und an einer gewundenen Säule vor dem Rathaus zu erkennen, darüber hinaus sind die Häuser durch ein unterirdisches Kellergeflecht aus den Gründungszeiten verbunden. Eine originelle Idee, um den ursprünglichen Zustand seines Hauses zu dokumentieren – was vor der Zeit der Fotografie nicht einfach war – hatte der Besitzer des Hauses Nr. 15, das durch die grüne Fassade und den Erker in der Mitte des Platzes hervorsticht. Neben biblischen Szenen und Ornamenten ließ er den Urzustand seines Hauses auf der Fassade verewigen. Zu sehen ist das Bild des Gebäudes mit Zinnen links neben dem Eingang über einem Fenster. Zwischen den bildhaften Darstellungen sind die wegen ihrer Form in Tschechien so genannten Briefumschlag-Sgraffiti zu sehen. Sie waren nicht nur eine Modeerscheinung der Renaissance sondern auch eine kostengünstige Lösung, um eine Fassade mit tollem optischem Effekt zu füllen.

Welches dieser Häuser das wohl schönste ist, lässt sich nur schwer sagen. Den Versuch, richtig herauszustechen, unternahm jedenfalls ein Bäcker namens Michael, der Mitte des 16. Jahrhunderts einen gesellschaftlichen Aufstieg erlebte – seine Tochter heiratete den Burggrafen und er wurde Bürgermeister. Der Bäcker ließ seine Fassade im venezianischen Stil mit Schweifgiebeln und einer ganzen Reihe von Sgraffiti versehen. Die dargestellten alttestamentarischen Szenen lesen sich wie ein Bilderbuch. Zu finden ist es unter der Nr. 61. Ein venezianisches Gefühl vermittelt aber nicht nur diese Hausfassade, sondern auch ein kleiner Spaziergang durch Telč. Der Stadtkern ist wie eine Halbinsel von den Teichen Staroměstský, Štěpnický und Ulický umschlossen. Wer eines der Häuser am Hauptplatz betritt und es über den Hinterausgang verlässt, oder durch eine der schmalen Gassen geht, steht plötzlich am Wasser, als wäre man in einem tschechischen Venedig.

Ab der zweiten Hälfte des 18. Jahrhunderts ließen einige Bewohnerinnen und Bewohner ihre Häuser barockisieren. Dabei wurden nur die Fassaden, nicht aber die Innenräume der Häuser umgestaltet. Von Haus Nr. 57 lachen barocke Engel herab, Haus Nr. 46 ziert ein besonders schöner Barockgiebel, und auch die beiden Brunnen und die Mariensäule am Hauptplatz stammen aus dieser Zeit.

Manche Häuser sind ganz offensichtliche Stilmischungen, etwa Nr. 32: unten Renaissance, oben Barock. Hinter der Fassade befand sich ursprünglich eine Küche für die Beamten der Herrschaft von Telč, in der an jedem Gründonnerstag süßer Griesbrei für die Armen der Stadt gekocht wurde. Dieser Brauch, der bis zu den Reformen Kaiser Josephs II. anhielt, ist auf Perchta von Rožmberk, die seit Jahrhunderten als Gespenst in den Rosenberg'schen Besitzungen umgehen soll, zurückzuführen.

Der historisch prominenteste Besitzer der Herrschaft Telč war Vilém Slavata von Chlum und Košumberk, der nach dem Aussterben der Neuhauser in den Besitz des prächtigen Renaissance-Schlosses kam. Er war kaiserlicher Statthalter in Prag, als die protestantischen Adeligen den Aufstand gegen die Hegemonialpolitik der Habsburger in den Ländern der böhmischen Krone wagten. Slavata, der zweite Statthalter und der Kanzleisekretär wurden rasch von den Aufständischen verurteilt und aus den Fenstern der Prager Burg gestoßen. Alle drei überlebten den 16 Meter hohen Fall, der als Zweiter Prager Fenstersturz in die Geschichte einging und als Auslöser des Dreißigjährigen Krieges galt. Slavata hatte dreifach Glück, nachdem er mit dem Kopf am Fensterrahmen gestreift, sich nach der Landung am Kragen fast erwürgte hatte und auch noch dem Kugelhagel entkam. Im Schloss Telč zeigt ein Bild eine Szene, die einem Fantasyfilm entsprungen sein könnte: Slavata und Konsorten werden nach dem Fenstersturz in der Luft von Engeln aufgefangen.

Info

Hauptplatz von Telč

588 56 Telč

- www.telc.eu/lang/de

Der Stern von Israel

Mikulov war das Zentrum jüdischen Lebens in Mähren. Der berühmte Rabbi Löw wirkte 20 Jahre lang in der Stadt, aus der zahlreiche jüdische Persönlichkeiten stammen.

Wissen Sie, wer Hieronymus Lorm war? Oder Joseph von Sonnenfels? Mit Sicherheit kennen Sie Rabbi Löw, auf den die Legende von der Erschaffung des Golem zurückgeht. Alle drei gehören zu den herausragenden Persönlichkeiten der jüdischen Gemeinde in Mikulov. Der Schriftsteller und Philosoph Hieronymus Lorm verlor zunächst sein Gehör und später sein Augenlicht, weshalb er ein Tastalphabet entwickelte, mit dem Taubblinde heute noch kommunizieren. Joseph von Sonnenfels wiederum war einer der bedeutendsten Aufklärer am Wiener Hof und überzeugte Maria Theresia, die Folter abzuschaffen – ihm zu Ehren steht eine Statue am Wiener Rathausplatz.

»Stern von Israel« wurde Mikulov einst genannt. Ein Spaziergang durch die Husova-Gasse führt direkt hinein in das frühere wirtschaftliche, geistige und kulturelle Zentrum der mährischen Juden, in dem sich auch der Landesrabbiner niedergelassen hatte. Direkt am Fuß der hoch aufragenden Burg lebten die Juden unter dem Schutz der Herrschaftsbesitzer – zunächst waren dies die Dietrichsteiner, später die Liechtensteiner. Diese wussten die jüdischen Einwohnerinnen und Einwohner zu schätzen, profitierten sie doch von deren Abgaben. Im Gegensatz zu den Christen hatten die Juden allerdings mit einer ganzen Reihe von rechtlichen Einschränkungen zu kämpfen.

Die ersten Jüdinnen und Juden lebten bereits Anfang des 14. Jahrhunderts in Mikulov. Doch erst 100 Jahre später begann sich die jüdische Gemeinde zu bilden, als Herzog Albrecht alle Juden aus Wien und Niederösterreich vertreiben ließ. In Mikulov, nahe der Grenze, und an der Handelsstraße zwischen Brünn und Wien, fanden viele Zuflucht und eine Überlebensgrundlage. Die Gemeinde wuchs in den kommenden Jahrhunderten nicht nur auf natürliche Weise,

Die Synagoge von Mikulov ist heute Kulturdenkmal und Museum.

sondern auch durch weitere Vertreibungswellen so stark, dass teilweise Platzmangel herrschte.

Doch in Mikulov waren die Juden einigermaßen sicher. Sie kurbelten den Handel an, sodass die kleine Stadt weit und breit zum wichtigsten Güterumschlagplatz für Wolle, Eisen, Textilien und auch Wein wurde. Die herrschenden Dietrichsteiner erlaubten ihnen die Selbstverwaltung und brachten Erleichterungen, etwa indem sie den Juden genehmigten ein Handwerk auszuüben. Daraufhin begann auch dieser Sektor zu florieren, mit Barbieren, Seifensiedern, Goldschmieden, Kerzengießern, Buchbindern, Fleischern, Knopfmachern und Schustern.

Beim Bau von Wohnhäusern wurde die verschüttete *mikwe* wiederentdeckt.

Mitte des 19. Jahrhunderts stellten die Juden die Hälfte der Gesamtbevölkerung von Mikulov. Die 3.500 jüdischen Einwohnerinnen und Einwohner lebten auf engstem Raum in gerade einmal 300 Gebäuden. In der Husova-Gasse, auf der einst reges Treiben herrschte, sind einige ihrer ehemaligen Wohnhäuser sorgfältig restauriert worden und teilweise mit Plaketten versehen, die an die früheren Bewohnerinnen und Bewohner erinnern. Jüdisch essen kann man hier im Restaurant Tanzberg. Aber Achtung, nicht erschrecken: in der Gaststube steht ein lebensgroßer Golem!

Nach dem Revolutionsjahr 1848 verbesserte sich die Situation der Juden in der Österreichisch-Ungarischen Monarchie. Der Bau der Eisenbahn zerstörte jedoch die Wirtschaftsgrundlage der Mikulover Juden, das Viertel verarmte und leerte sich langsam. Die Nationalsozialisten verschleppten und ermordeten die letzten Juden von Mikulov.

Von den zwölf Synagogen und Bethäusern ist nur noch eine Synagoge übrig. Nach einem großen Brand im Jahr 1719 wurde die Synagoge nach Lemberger Vorbild mit vier Kuppeln und vier zentralen Säulen wieder aufgebaut. Unter dem barocken Baldachin befand sich der *Almemor*, das Lesepult, auf dem aus der Tora vorgelesen wurde. In der Ruhe des großen Raumes sind sie dann da, die Gedanken an die Menschen der jüdischen Gemeinde, ihre lebendigen Gebräuche und ihre Schicksale.

Die jüdischen Spuren, die in Mikulov noch übrig sind, werden heute sorgsam gepflegt. Eine kleine Sensation ist die *mikwe*, ein vollständig erhaltenes jüdisches Tauchbad, das zur Besichtigung frei zugänglich ist. Es diente den orthodoxen Juden zur symbolischen rituellen Reinigung vor dem Sabbat, vor Feiertagen, Hochzeiten und nach der Geburt – und auch Frauen nach der Menstruation.

Nahe der *mikwe* befindet sich auch der jüdische Friedhof. In der Zeremonienhalle, die vom Wiener Architekten Max Fleischer geplant wurde, hat der Verein der Freunde der jüdischen Kultur in Mikulov eine Ausstellung eingerichtet. Hier ist auch eine Karte des Friedhofs erhältlich, in der Begräbnisriten, Legenden und Gräber von bekannten Persönlichkeiten beschrieben werden. Der Friedhof mit seinen 4.400 stehenden Grabsteinen ist immer gut besucht. Es ist eine mystische, alte Welt, voll von Symbolen, Namen und dem Zauber vergangener Tage. Die Mauern wurden teilweise aus alten Grabsteinen aufgebaut.

Jüdische Gäste aus aller Welt pilgern zum Rabbinerhügel. Dort sind die Ruhestätten von Berühmtheiten wie dem »wundertätigen« Rabbi Mordechai Ben Abraham Benet, oder dem Kabbalisten Schemuel Schmelke ben Zwi Hirsch ha-Lewi Horowith. Auf ihre Gräber legen die Pilgerinnen und Pilger, einem jüdischen Brauch folgend, kleine Steine, die die Verstorbenen schützen sollen. Viele der hier begrabenen Rabbis studierten an der *jeschiwa*, einer höheren Lehranstalt, die Mikulov weit über die Landesgrenzen hinaus zu einem Zentrum jüdischer Bildung machte. Gegründet hat sie der legendäre Jehuda ben Bezal'el Löw, der von 1553 bis 1573 als Landesrabbiner in Mikulov tätig war. Wer nach einem Hinweis auf den legendären Rabbi Löw sucht, findet diesen an der Fassade der Zeremonienhalle in Form einer Plakette.

Info

Jüdischer Friedhof

Kozí hrádek 1540/11, 692 01 Mikulov

Mikwe

U Staré brány, 692 01 Mikulov

Synagoge

Husova 13, 692 01 Mikulov

• www.mikulov.cz

12 Villa Löw-Beer, Villa Tugendhat und Villa Stiassni, Brünn

Ikonen der Architektur

In punkto Architektur ist Brünn eine Stadt von Weltrang. Drei Villen stechen dabei hervor.

»Wir liebten das Haus vom ersten Augenblick an«, sagte Grete Tugendhat, als sie 30 Jahre, nachdem sie ihre ikonische Villa durch die Machtergreifung der Nationalsozialisten verloren hatte, wieder nach Brünn zurückkehrte. Sie schilderte, wie ihr Mann den Wintergarten mit Pflanzen einrichtete, sie die Zeit zu zweit in der Bibliothek genossen, wie ihre Kinder auf der Terrasse spielten und wie sie mit Freundinnen und Freunden im Speisebereich vor den Glaswänden saßen und das milde Licht sie beschien. Die Villa Tugendhat, vom deutschen Architekten Ludwig Mies van der Rohe geplant, ist nicht nur eines der bedeutendsten Architekturjuwele der Welt, ihr sind die Geschichte Europas im 20. Jahrhundert und das schmerzhafte Schicksal ihrer Bewohnerinnen und Bewohner eingeschrieben.

Die politischen und wirtschaftlichen Entwicklungen im 19. und frühen 20. Jahrhundert brachten Brünn zu einer Blüte. Damals wuchs die kleine Stadt zu einem Industriezentrum heran und die Einwohnerzahl schnellte in die Höhe: von 9.000 im Jahr 1781 auf 270.000 im Jahr 1910. In der zweiten Hälfte des 18. Jahrhunderts wurde die staatliche Brünner Textilmanufaktur zu einem florierenden Betrieb ausgebaut. Als attraktiver Investitionsstandort lockte Brünn nun neue Textilproduzenten an.

Im 19. Jahrhundert verbesserte sich sukzessive die rechtliche Situation der jüdischen Bevölkerung. Das Staatsgrundgesetz von 1867 brachte den Juden in Österreich-Ungarn die vollkommene Gleichstellung und endlich durften sie sich frei bewegen und Grund erwerben. Die Familie Löw-Beer begann sich vom Ghetto von Boskovice – etwa 40 Kilometer nördlich von Brünn – aus mit zahlreichen unternehmerischen Aktivitäten zu verzweigen. Die Brüder Aron und Jacob Löw-Beer kamen als erste nach Brünn und betrieben eine Streichgarnherstellung. Ihre Zweigstelle in Brněnec war die spätere Fabrik

Die Villa Tugendhat zählt zu den Meisterwerken der modernen Architektur – die große Glasfront kann bei gutem Wetter im Boden versenkt werden.

von Oskar Schindler, der 1.200 Jüdinnen und Juden in der Nazizeit vor dem Tod rettete, was später im Film *Schindlers Liste* einer größeren Öffentlichkeit bekannt wurde. Über vier Generationen entwickelten sich die Löw-Beers zu einer der wichtigsten Industriellenfamilien Mährens, die tausende Arbeiterinnen und Arbeiter beschäftige.

Brünn wurde eine Art österreichisch-ungarisches Manchester, wo zwei Drittel der gesamten Textilproduktion der Monarchie beheimatet waren. Außerdem kam der Maschinenbau als weiterer großer Wirtschaftszweig hinzu. Die Stadt wuchs und 1850 wurden 27 Vorstädte eingemeindet. Mit dem Abriss der alten Befestigungsanlagen und dem Bau einer Ringstraße nach Wiener Vorbild ging auch der Umbau zu einer modernen Provinzmetropole einher. Nach der Ausrufung der Ersten Tschechoslowakischen Republik wurde Brünn zur Landeshauptstadt Mährens. Neuer Stadtraum entstand und durch den Zuzug mussten zusätzliche Wohnmöglichkeiten erschlossen werden.

In Brünn entwickelte sich eine eigene Architekturszene. Größen wie Le Corbusier, Walter Gropius und Adolf Loos hielten Vorlesungen in der Stadt und beeinflussten die weitere Stadtentwicklung. Eine der

Der große Garten der Villa Löw-Beer ist öffentlich zugänglich. Dort befindet sich auch ein Café, in dem man die Ruhe des Villenviertels genießen kann.

Glanzleistungen dieser Zeit war der funktionalistische Ausbau des Messegeländes im Jahr 1928. Bevor die Nationalsozialisten Terror und Zerstörung über das Land brachten, befand sich Brünn in einem Goldenen Zeitalter der Architektur.

Die Villa Löw-Beer

Im Brünner Stadtteil Černá Pole entstand ab 1860 eines der ersten Villenviertel Mitteleuropas. Eine Augenweide ist der Stiegenaufgang in der Schodová-Straße mit seinem auffälligen Portikus, der vom Park Lužánky aus wie ein Eingang in diese Welt schöner Häuser wirkt.

In der Nähe steht die Villa Löw-Beer an der Drobného-Straße. Der Unternehmer Moritz Fuhrmann ließ die Jugendstilvilla vom Wiener Architekten Alexander Neumann erbauen. Nach Fuhrmanns Tod kaufte Alfred Löw-Beer die Villa im Jahr 1913 und zog mit seiner Frau Marianne und den Kindern Max, Grete und Hans ein. Alfred Löw-Beer war führender Repräsentant des Woll-Industriellen-Vereins in Mähren und eine Größe des öffentlichen Lebens in Brünn. Noch in den 1930er Jahren ließ er die Villa im Innenbereich umbauen.

Wenige Jahre später musste die Familie vor den Nationalsozialisten fliehen. Alfred Löw-Beer hatte einen Vertrauensmann eingesetzt, der seine Firma leitete und sich um die Villa kümmerte, die Nationalsozialisten aber konfiszierten den Besitz 1940 und benutzten die Villa als Gestapo-Gebäude. Alfred Löw-Beer starb auf der Flucht unter ungeklärten Umständen in der Schweiz. Nach 1945 ging die Villa in Staatseigentum über und wurde als Kinderheim genutzt. Seit 2016 beherbergt sie eine ständige Ausstellung über die Welt der Brünner Bourgeoisie, die Einblicke in das Leben der Löw-Beers, der Tugendhats und ebenso in die Entwicklung der Brünner Architektur gibt.

Die Villa Tugendhat

Vom weitläufigen Garten der Villa Löw-Beer aus ist schon die Villa Tugendhat zu sehen, die sich am Grundstück oberhalb befindet. Alfred Löw-Beer schenkte dieses seiner Tochter Grete und finanzierte den Bau ihrer ikonischen Villa. Grete lebte einige Zeit in Berlin und lernte dort ihren zweiten Ehemann Fritz Tugendhat kennen. Sie verkehrte in Künstlerkreisen und war mit dem Kunsthistoriker Eduard Fuchs bekannt. Der lud sie in sein Haus ein, das der berühmte Architekt Ludwig Mies van der Rohe gebaut hatte. Nachdem die Tugendhats kurzzeitig Ernst Wiesner als Architekten für ihr eigenes Haus erwogen hatten, fiel ihre Entscheidung letztendlich auf Mies van der Rohe. Dieser hatte, wenige Monate bevor er mit der Planung der Villa Tugendhat begann, den deutschen Pavillon für die Weltausstellung in Barcelona entworfen und damit ein neues Kapitel in der modernen Architektur aufgeschlagen: »Eines Abends arbeitete ich noch spät am Pavillon und machte eine Skizze von einer frei stehenden Wand und bekam einen Schock. Ich wusste, dass ich ein neues Prinzip erfunden hatte.« Mit der Villa Tugendhat konnte er dies gleich perfektionieren.

Als sich die Tugendhats zu Silvester 1928 gerade für eine Feier fertig machten, kam die Nachricht von Mies, dass er die Pläne fertig habe. Die Tugendhats verzichtenen auf das Neujahrsfest und eilten zum Architekten. Dort staunten sie nicht schlecht: Eine Stahlträgerkonstruktion für ein Familienhaus? So etwas hatte es noch nicht gegeben. Später erzählte Grete Tugendhat: »Ich hatte mir immer ein modernes, weiträumiges Haus mit klaren einfachen Formen gewünscht und mein Mann hatte geradezu einen Horror vor den mit unzähligen Nippsachen und Deckchen vollgestopften Zimmern seiner Kindheit.«

Nach 18 Monaten stand das Haus. Nichts ist hier wie üblich. Von der Straße aus wirkt es uneinsichtig. Nach hinten in den Garten aber öffnen sich die Räume mit einer durchgehenden Glasfront so, dass die Grenzen zwischen Innen und Außen gänzlich verschwinden und das Panorama der Stadt Brünn zu sehen ist. Auch in punkto Technik lieferte der Architekt eine Meisterleistung. Die Glaswände sind so konstruiert, dass sie bei gutem Wetter versenkt werden können, außerdem gab es eine Klimaanlage. Mit Markéta Roder-Müller gemeinsam entwarf Mies van der Rohe den weitläufigen Garten. Bei der Ausstattung der Innenräume und der Auswahl der Dekorationsmaterialien setzte die Architektin Lilly Reich wesentliche Akzente. Die Stahlkonstruktion, die verchromten Oberflächen der Tragsäulen, die Speiseraum-Nische aus Makassar-Ebenholz und die berühmte Onyx-Wand, auf der das Licht zauberhafte Stimmungen erzeugt, sind nur ein paar Ingredienzien, welche die Villa Tugendhat zu einer der berühmtesten Architekturikonen der Welt machen.

Die Tugendhats konnten ihr geliebtes Haus nicht einmal ein Jahrzehnt lang bewohnen. Am Tag des Einmarsches der Nationalsozialisten in Österreich verließen sie Brünn. Die Familie ging zunächst in die Schweiz und später nach Venezuela. Die Gestapo beschlagnahmte ihre Villa in Brünn. Durch die Druckwellen der Luftangriffe wurden die einzigartig großen Fensterflächen zerstört. Nach dem Krieg nutzten die russischen Soldaten die Villa als Stall, ehe sie in der kommunistischen Tschechoslowakei ein Reha-Zentrum für Kinder mit Wirbelsäulenproblemen wurde. In den 1960er Jahren engagierte sich der Brünner Architekt František Kalivoda für die Rettung der Architekturikone. Grete Tugendhat folgte seiner Einladung nach Brünn und sah zum ersten Mal seit sie geflohen war wieder ihr Haus – und war von den baulichen Veränderungen betrübt. Erst in den 1980er Jahren begann eine aufwendige Restaurierung. Das große Meisterwerk der Architektur ist nun wieder nach den Plänen von Mies van der Rohe rekonstruiert und lockt Architekturbegeisterte aus der ganzen Welt an.

Villa Stiassni

Architekt Ernst Wiesner kam zwar beim Bau des Hauses für die Familie Tugendhat nicht zum Zug, realisierte aber mit der Villa Stiassni eine weitere Brünner Architekturikone. Ehe er zu den bedeutendsten Architekten der Zwischenkriegszeit in Brünn aufstieg, studierte er in Wien an der Technischen Hochschule und an der Akademie der

Die Villa Stiassni versprüht mit ihrer hellen Fassade mediterranes Flair.

bildenden Künste. Sein Wunsch, in der Klasse des Wiener Starachitekten Otto Wagner aufgenommen zu werden, den er wegen seiner modernen Ansätze schätzte, wurde dem jüdischen Studenten wohl aus antisemitischen Gründen verwehrt. In den 1920er Jahren schuf er zahlreiche Bauten wie das Brünner Krematorium und das Café Esplanade. 1927 realisierte er den repräsentativen Familiensitz für das jüdische Textilunternehmerehepaar Hermine und Ernst Stiassni in Pisárky, einem weiteren Brünner Villenviertel. Wiesner hatte schon mit Hermine Stiassni zusammengearbeitet und den Morava-Palast im Stadtzentrum geplant.

Die Villa Stiassni ist von riesigen Parkflächen umgeben, auf denen das Auftraggeber-Ehepaar leidenschaftlich verschiedenen Sportarten nachging. Wiesner intendierte einen funktionalistischen Bau, musste jedoch auch auf die Wünsche der Stiassnis, die klassizistische Elemente bevorzugten, eingehen. Viele der Räume sind deshalb mit dunklen und schweren Interieurs ausgekleidet. Von außen mutet die Villa mit ihrer hellen Fassade und den großen Fenstern mit dunklen Läden wie ein Anwesen in der Toskana an. Die Ausblicke und Einblicke sind atemberaubend schön.

Auch den Stiassnis war es nicht vergönnt, ihr Baukunstwerk lange zu bewohnen. Mit der Machtergreifung der Nationalsozialisten mussten auch sie ihr Zuhause zurücklassen. Nach dem Krieg entdeckte Präsident Edvard Beneš das repräsentative Gebäude und ließ es zu einem luxuriösen Hotel für Staatsgäste umbauen. Darin nächtigte etwa der kubanische Langzeitherrscher Fidel Castro. Der Legende nach gefiel ihm die Ausstattung seines Badezimmers nicht, weshalb er grünen Marmor schicken ließ, der daraufhin eingebaut wurde.

Info

Villa Löw-Beer, Drobného 297/22, 602 00 Brno
Villa Tugendhat, Černopolní 45, 613 00 Brno
Villa Stiassni, Hroznová 14, 603 00 Brno

13 Hauptplatz und Untergrund, Slavonice

Ein Städtchen mit Tag- und Nachtseiten
Slavonice lockt mit seinem alten Stadtzentrum und dem schmucken Häuserensemble. Das UNESCO-Weltkulturerbe hat aber auch eine unterirdische Seite mit historischem Hintergrund.

Ein veritabler Eye-Catcher ist das Zentrum von Slavonice. Auf dem großen Marktplatz stehen die Häuser in geschlossenen Reihen. Das Auge wandert zwischen Renaissancefassaden, Sgraffito-Malereien, Zinnen, Ziergiebeln und alten Laubengängen. Abseits von größeren Städten und Verkehrsadern liegt Slavonice eingebettet zwischen weitläufigen Wiesen, die im Frühjahr der blühende Löwenzahn in sattes Gelb färbt. Eine Atmosphäre, die Kunst- und Kulturschaffende seit der Wende anzieht. Davor befand sich das kleine Städtchen in einem Wachkoma, bedingt durch seine Lage am Eisernen Vorhang. Auf die Gräueltaten der Nationalsozialisten folgte die Vertreibung der Sudetendeutschen – ein Großteil der Slavonicer Bevölkerung. Die kommunistischen Machthaber siedelten zudem viele tschechische Einwohnerinnen und Einwohner aus der Grenzregion ab. Danach waren nur noch 10 Prozent der ursprünglichen Bevölkerung übrig – ein schweres Schicksal für die Menschen einer Stadt, die auf eine lange Tradition zurückblickt.

Slavonice wurde im 12. Jahrhundert gegründet, als die Region von Znaim her kolonisiert wurde. Damals versuchten die Přemysliden, ihren Einflussbereich gegen jenen der Babenberger im Herzogtum Österreich abzusichern. Diese Grenzsituation nahm von Anfang an entscheidenden Einfluss auf die Entwicklung von Slavonice, ebenso wie die damalige Lage an zwei Verkehrswegen, durch die der Handel angekurbelt wurde. Durch die damalige Grenzsituation entstand das tschechische Wort für Österreich – *Rakousko* – das sich von der niederösterreichischen Stadt Raabs ableitet. Die Grenzburg Rakús, heute Raabs, war der nächste größere Ort hinter der Grenze und befand sich am Handelsweg zwischen Wien und Prag. Somit waren

Die Renaissancehäuser von Slavonice sind reich verziert mit Türmchen, Giebeln und Sgraffito-Malereien an den frisch renovierten Fassaden.

die Österreicherinnen und Österreicher jene, die jenseits von Raabs lebten.

Wer heute die kurze Straße bis zur österreichischen Staatsgrenze entlang fährt, findet sich in der Natur wieder und entdeckt jüngere Zeugen der hiesigen Geschichte in Form von Bunkern und einem Kunstwerk. Direkt am ehemaligen Grenzübergang hat das Künstlerduo Iris Andraschek und Hubert Lobnig einen übergroßen, nur in Teilen vorhandenen Zaun installiert, auf dem die Frage geschrieben steht: »Wohin verschwinden die Grenzen?«. Dass sie allmählich tatsächlich verschwinden, beweisen die Ausflüglerinnen und Ausflügler aus Tschechien und Österreich, die sich an den Wochenenden im Stadtzentrum von Slavonice begegnen.

Die Tour durch den Untergrund führt durch teilweise knöchelhohes Wasser.

Der rechteckige Marktplatz mit den schmalen Häusern entstand im 13. Jahrhundert. Goldene Zeiten bescherte das 16. Jahrhundert. Nachdem die Habsburger in Böhmen den Thron übernommen hatten, erhielt Slavonice eine Poststation auf der Strecke zwischen Wien und Prag und konnte zu einem der tonangebenden Handelszentren in Südmähren werden. Vor allem der böhmische Landadel war ein entscheidender Faktor für die glücklichen Entwicklungen. Vor allem Zachariaš von Hradec, der Slavonice geerbt hatte, war hierfür bedeutend. Er bewies politisch und wirtschaftlich ein glückliches Händchen, stieg zum reichsten Mann Mährens auf und ließ seine Herrschaften richtiggehend aufblühen.

Die Stadtbürger ließen ihre gotischen Häuser im damals tonangebenden Stil der Renaissance umbauen. Auf den Straßen hörte man Italienisch von den Künstlern und Arbeitern, unter deren Händen sich die Fassaden wandelten. Die Sgraffito-Darstellungen auf den Häusern sagen viel über die damaligen Bewohnerinnen und Bewohner und deren Präferenzen aus. Neben dekorativen Elementen und

Zunftwappen sind es aufwendig gestaltete Szenen aus der Bibel oder der antiken Mythologie, ebenso Kaiser, Adelige, Geistliche und Gelehrte – die Celebrities der damaligen Zeit – die frisch renoviert von den Häusern leuchten. Dass Slavonice so gut erhalten ist, liegt vor allem in seiner Isolation begründet. Nach dem Dreißigjährigen Krieg, während dem die Stadt unter Überfällen und Plünderungen zu leiden hatte, wurde sie in der Zeit der Habsburgermonarchie zusehends von allen wichtigen Verkehrswegen abgeschnitten.

Ein ganz anderes Slavonice als in den mittelalterlichen Gassen offenbart sich unter dem Hauptplatz. Die Kellergängen stammen aus dem 13. Jahrhundert und sind fast ebenso alt wie der obere Teil der Stadt. Der Abgang in die Unterwelt befindet sich im Eingangsbereich des Hauses Nr. 480. Dort ist eines der vier noch erhaltenen spätgotischen Diamantgewölbe von Meister Leopold Estreicher zu bewundern. Durch einen schmalen Gang geht es dann hinab in den Keller. Ab jetzt ist ein Weiterkommen nur mehr mit Amphibienanzug möglich, mit dem man im Untergrund-Büro ausgestattet wird. Das fahle Licht verschwindet in den dunklen Gängen, in denen man vorsichtig einen Fuß vor den anderen setzt. Gelegentlich wird es so schmal, dass man sich tief bücken muss.

Die Verbindungsschächte zwischen den Hauskellern wurden mit Schaufel und Hacke in den Gneis geschlagen, um das steigende Grundwasser, das die Keller überflutete, abzuleiten. Beim Ausbau ihres Untergrunds, der mehrere Jahrhunderte dauerte, errichteten die Slavonicer auch eine unterirdische Trinkwasserversorgung.

Lange Zeit lag der städtische Untergrund im Verborgenen. Der erste Wiederentdecker des Untergrunds war der Geschichte-Lehrer Josef Střecha, der in den 1970er Jahren Teile des Gangsystems mit seinen Schülerinnen und Schülern erkundete. 20 Jahre später begann die Stadt, die gefluteten Gänge auszupumpen, freizuschaufeln und wieder zugänglich zu machen. Nass wird es trotzdem gelegentlich auf der Tour durch das unterirdische Slavonice. Am Ende kommt man auf der anderen Seite des Hauptplatzes wieder ans Tageslicht.

Info

Untergrund von Slavonice

Náměsti Míru 480, 378 81 Slavonice

Tipp

Radweg Thayarunde

Die Trasse der ehemaligen Bahnstrecke Waidhofen/Thaya – Slavonice wurde umfunktioniert und lädt nun zum Radfahren ein.

Brünner Geheimnisse

Spazieren zu gehen und Geschichten aufzuschnappen ist die beste Art, in die Stadt einzutauchen – auf den Spuren des Erfinders Thomas Alva Edison, in der Literatur von Jiří Kratochvil oder durch die Musik von Leoš Janáček.

Ein guter Ausgangspunkt für Spaziergänge ist der Malinovskyplatz, an dem sich ablesen lässt, dass Brünn einmal zu den innovativsten Städten Europas gehörte. In dem Gebäude der ehemaligen Oberrealschule in der Jánská-Straße stellte Gregor Mendel am 8. Februar 1865 vor der *Naturforschenden Gesellschaft* zum ersten Mal seine Vererbungslehre vor. Gegenüber steht das Kaufhaus Centrum. An dieser Stelle wollte Tomáš Bat'a, der Begründer des Bat'a-Schuh-Konzerns, der heute zu den größten der Welt zählt, einst den ersten europäischen Wolkenkratzer bauen – was aber die Bodenbeschaffenheit nicht erlaubte.

Das markanteste Gebäude des Platzes ist das Mahen-Theater. Es war das erste Schauspielhaus Europas, das vollständig elektrifiziert und mit Glühbirnen beleuchtet war. Im Jahr 1881, als der Bau des damals noch »Deutsches Stadttheater« genannten Gebäudes gerade im Gange war, fand in Paris die Erste Elektrizitätsausstellung statt, auf der Thomas Alva Edison seine Glühbirne vorstellte. Eine Erfindung, die dem Bedürfnis nach mehr Sicherheit, gerade wenn es um Lichtquellen ging, sehr entgegenkam, denn im selben Jahr brannte das Wiener Ringtheater ab und forderte hunderte Todesopfer. Infolge dessen erhielt Edisons Firma den Auftrag, das Brünner Theater zu elektrifizieren und mit Lampen auszustatten. Im Jahr 1911 besuchte Edison selbst die Stadt. *Pocta T. A. Edisonovi (Zu Ehren T. A. Edison)* heißt die Skulptur, die 99 Jahre später auf dem Malinovskyplatz aufgestellt wurde. Sie stammt vom Künstler Thomas Medek und stellt mehrere ineinander verschlungene Glühbirnen aus Draht dar.

Das Theater trägt seit den 1960er Jahren den Namen des Dramatikers, Dichters und Bibliothekars Jiří Mahen, der das Brünner Kulturleben in den 1920er und 1930er Jahren entscheidend geprägt

Das Mahen-Theater war Europas erstes voll elektrifiziertes Theater.
Die Skulptur erinnert an den Erfinder der Glühbirne, Thomas Alva Edison.

hat. Mahen taucht auch kurz in den *Brünner Erzählungen* des 1940 geborenen Schriftstellers Jiří Kratochvil auf, in denen sich das ganze 20. Jahrhundert zu spiegeln scheint. Eine Reihe konkreter Orte in Brünn sind die Kulisse für tragikomische Geschichten, die oft ins Surreale und Magische gleiten, sich aber um das Schicksal von Stadtbewohnerinnen und -bewohnern drehen. Etwa wenn in den 1940er Jahren lebende, verstorbene und im Krieg getötete Familienmitglieder im Stadtteil Pisárky zu einem Familienfest zusammenkommen und die Villa mit der Festgesellschaft plötzlich von der Staatssicherheit umstellt wird. Oder wenn in den Stadtteilen verná Pole oder Komárov Katzen salutieren und den Raucherhusten eines verstorbenen Ehemanns nachahmen, um der Witwe den Abschiedsschmerz zu erleichtern. Oder wenn in der *Legende der ewigen Wiederkehr* dem Fräulein Kamila Jahodová, die am Ufer der Svratka in der Jeneweinova-Straße wohnt, Stalin in der Gestalt einer Maus erscheint und ihr seine Memoiren zu diktieren beginnt – bis sich die alleinstehende Frau eine Katze zulegt.

Das Arbeitszimmer des Komponisten Leoš Janáček in der Smetanovo-Straße.

Anhand von Kratochvils Erzählungen ist man plötzlich mittendrin in Brünn, etwa in den »Goldenen Sechzigern« im längst nicht mehr existenten Café Bellevue, das er in seinem Roman *Das Versprechen des Architekten* als »das zweite Wohnzimmer der Schriftsteller und Dichter, die nicht publizieren durften« beschreibt. Zu diesen Schriftstellern zählte auch Kratochvil selbst, der von 1968 bis 1989 mit einem Publikationsverbot belegt war, jedoch im Verborgenen veröffentlichte und sich seinen Lebensunterhalt mit den unterschiedlichsten Berufen wie Kranführer, Heizer, Nachtwächter, Bibliothekar, Mittelschullehrer, TV-Redakteur und vieles mehr verdiente.

Seine Stadtgeschichten erzählen von den schwierigen Zeiten, in denen »auch schon in Brünn die Plätze rar geworden [waren], wo man sich treffen, mit Freunden sitzen und sich davon überzeugen konnte, dass die wirkliche Welt noch immer über ein paar verlassene Inselchen verfügte, die sich – wenn das Wasser der Sintflut einmal zurückgehen würde – wieder zu einem Kontinent verbinden würden«. Das Atelier des Malers Jánuš Kubíček, von dem aus man durch die Glaswand »auf die Dächer des Římské náměstí sehen« kann, wird als Zufluchtsort beschrieben, in dem die Brünner Schriftsteller und Künstler sich trafen.

Nicht weit vom Malinovskyplatz entfernt befindet sich der Alfa-Palast, an der Ecke Jánská- und Poštovská-Straße. Der sich darin befindlichen *Passage Alfa* widmet Kratochvil eine seiner Erzählungen. »Obzwar es dort kleine Läden, Geschäfte, ein Café, ein Theater, die Gänge auf der Galerie und mehrere Stiegen, Eingänge, Ausgänge und Durchgänge gibt, ist es eine Oase der Ruhe; man geht durch die Passage Alfa, als würde man einen grenzenlosen Augenblick durchschreiten, ohne sich dessen bewusst zu sein.« In der Erzählung erinnert sich der Protagonist an seine Jugend, in der er einer Schülerin, deren Eltern im Alfa-Palast wohnten, Nachhilfe gab, bis sich eines Tages ein schrecklicher Unfall ereignete. Der »Zen-Raum«, als den Kratochvil die Passage in dem funktionalistischen Bauwerk, das im Kern von Bohuslav Fuchs stammt, beschreibt, ist noch erhalten.

Auch in den Park Lužánky, den ältesten und größten von Brünn, führt Kratochvil in seinen Erzählungen. Indem er all die unterschiedlichen Gebäude, von denen der Park umstellt ist, und all die unterschiedlichen Menschen, die durch ihn hindurch flanieren, vor das geistige Auge des Lesenden treten lässt, beschreibt er den Park als Lehrmeister seines Protagonisten. Der hat alles, was er über die Welt weiß, durch die Augen dieses Parks gelernt. Wen wundert es da nocht, dass er so ziemlich alles über die Menschen weiß und sie auch austricksen kann?

Vom Park ist es nicht weit bis zur Smetanovo-Straße, wo das Häuschen eines anderen berühmten Brünners steht, das heute zu einem Museum geworden ist. Der Komponist Leoš Janáček verbrachte darin seine letzten 18 Lebensjahre, die auch zu seinen erfolgreichsten und glücklichsten Zeiten gehörten. In dem gemütlichen Haus, das er mit seiner Frau Zdenka bewohnte, komponierte er er den Großteil seines Werkes. Auch seine Spuren finden sich in ganz Brünn, von der Buchhandlung Barvič & Novotný in der zentral gelegenen Česká-Straße, wo er seine Bücher kaufte, bis zum Veveří-Theater, dem ehemaligen Nationaltheater, wo einst seine Werke aufgeführt wurden.

Die Adler sind los!

Frostig ist hier nur der Untergrund. Im gemütlichen Zentrum von Znaim kann es ganz schön nervenaufreibend zugehen, wenn die lokale Eishockey-Mannschaft um den Sieg spielt.

Wenn die »Adler« *(Orli)* spielen, sieht man die Stadtbewohnerinnen und Stadtbewohner mit Sitzpolstern und Jacken ausgerüstet durch die Straßen von Znaim schlendern. Die Eishockey-Arena befindet sich mitten in der Stadt, nur einen Katzensprung vom Zentrum entfernt, sodass die ortsansässigen Fans zu Fuß anreisen können. Ein Teil von ihnen pilgert allerdings auch aus dem benachbarten Österreich an die Spielstätte. Denn seit der Saison 2011/12 spielt der Eishockey-Club Orli Znojmo in der übernationalen Erste-Bank-Liga, kurz EBEL genannt. Neben Orli Znojmo, einem ungarischen und einem italienischen Team sind dort mehrheitlich österreichische Mannschaften am Werk.

In der Tschechischen Republik ist Eishockey beliebter als Fußball. Ein Prozent der Bevölkerung betätigt sich aktiv an der Jagd nach dem Puck auf der glatten Oberfläche – hinzu kommt die Begeisterung jener, die den Sport vom Fernseher aus oder im Stadion anfeuernd verfolgen. Die Wurzeln für diese Begeisterung reichen bis zum Anfang des 20. Jahrhunderts zurück. Damals wurde in Böhmen noch »Bandy« gespielt, der Vorläufer von Eishockey, bei dem mit einem Ball und Schlägern auf einer Eisfläche von der Größe eines Fußballfeldes gespielt wird. In manchen Ländern wird dieser Sport noch immer professionell betrieben. In Tschechien aber setzte sich durch den Einfluss eines kanadischen Violinisten, so sagt die Legende, allmählich das moderne Eishockey durch.

1909 spielte erstmals die böhmische Nationalmannschaft bei einer internationalen Meisterschaft in Frankreich, war jedoch vollkommen chancenlos und verlor jedes Spiel. Mit neuem Regelwerk und einiger Erfahrung im Gepäck, machten sich die Böhmen an den Neustart – und holten 1911, 1912 und 1914 den Europameistertitel. Bei der ersten Weltmeisterschaft im Jahr 1920 belegte die nunmehr

Die Znaimer »Adler« liefern sich in der Nevoga-Arena heiße Schlachten auf frostigem Parkett – hier im Bild gegen die Innsbrucker »Haie«.

tschechoslowakische Mannschaft hinter Kanada und den USA gleich den dritten Platz. In den kommenden Jahrzehnten wurde die Mannschaft mehrmals Weltmeister. Nach der Wende ging der Erfolg nahtlos weiter. Die Tschechische Republik zählt in punkto Eishockey zu den »Big Six«, den sechs besten Ländern der Welt.

Die Znaimer jagen seit 1933 dem Puck hinterher. Der Verein war bis Mitte der 1990er Jahre in der Regionalliga auf Amateurniveau unterwegs. Mit einem Sponsor an Bord begann der Aufstieg bis in die Extra-Liga, die höchste tschechische Spielklasse, wo der Verein sich zehn Jahre lang hielt. Die Nevoga-Arena ist die Heimat von Orli Znojmo und fasst knapp 5.000 Menschen. Bei einem Meisterschaftsspiel kann es brechend voll und laut werden. Rasend schnell jagen die Adler übers Eis, das unter den scharfen Kuven spritzt, während die Fans auf ihren Stammplätzen fachsimpeln – deutsche und tschechische Wörter mischen sich im Fangetöse. Man muss sich im Eishockey nicht auskennen, um sofort von der begeisterten Stimmung mitgerissen zu werden. In den beiden Pausen strömen die Anhängerinnen und Anhänger nach draußen und rüsten sich mit dem Bier aus der Znaimer Stadtbrauerei für das nächste nervenaufreibende Spieldrittel.

Info

Orli Znojmo in der Nevoga-Arena

Dvořákova 21, 669 02 Znojmo
• www.hcorli.cz/index_deu.asp

Menschen, die die Welt veränderten

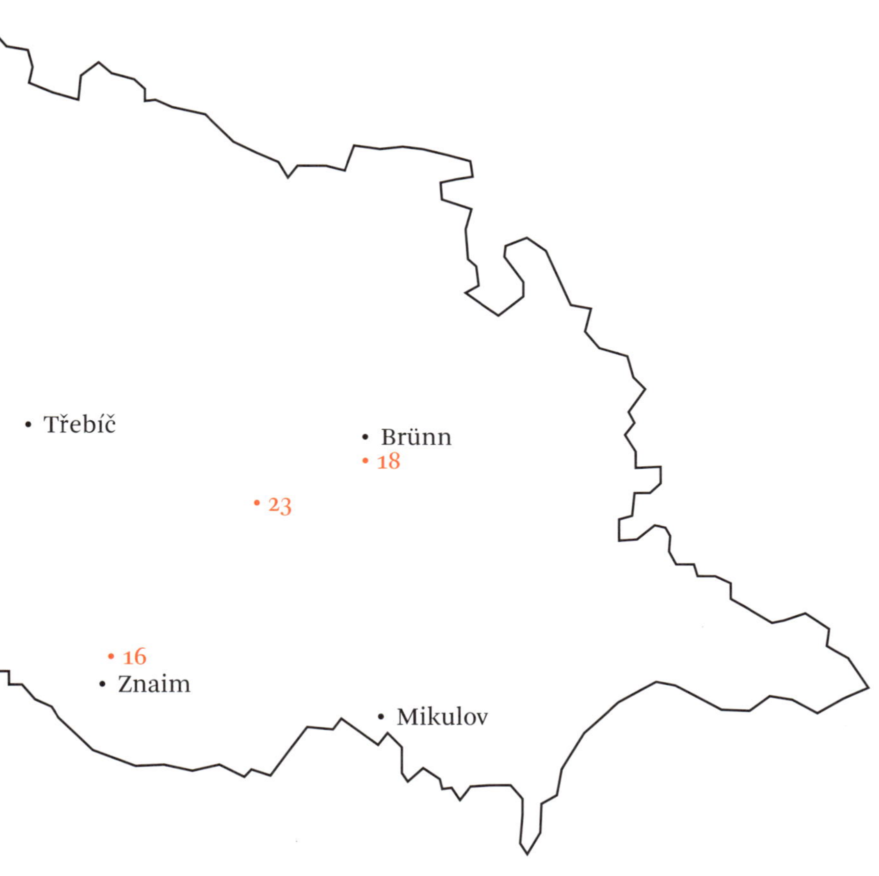

Wussten Sie, dass ... ?

... der Urvater der Genetik im Kloster lebte?

... in Budweis der moderne Bleistift erfunden wurde?

... der Künstler Egon Schiele in Český Krumlov für seine Skandale bekannt war?

... Thronfolger Franz Ferdinand seine letzten Tage in Schloss Chlum verbrachte?

Der erfinderische Pfarrer

Er galt als wissenschaftliches Genie und war seiner Zeit voraus. Prokop Diviš baute Wettermaschinen und ein Musikinstrument, das wahrlich elektrisierte.

Am 15. Juni 1754 errichtete der Přímětičer Pfarrer Prokop Diviš neben seinem Pfarrhaus ein 41 Meter hohes Gebilde. Es bestand aus einer langen Eisenstange, an deren Spitze kürzere Eisenstangen überkreuzt waren. An deren Enden wiederum befanden sich Aufsätze mit Dosen, die mit Drahtspitzen versehen und mit Eisenfeilspänen gefüllt waren. Klingt kompliziert? Diviš war kein gewöhnlicher Pfarrer, sondern ein naturwissenschaftliches Genie und ein Erfinder außerdem. Das Gebilde, das er an jenem Dienstag im Juni nach langer Planung zusammenbaute, nannte er *Meteorologische Maschine*. Sie sollte verhindern, dass sich die elektrische Energie in den Wolken verdichtet, und damit ein Gewitter verunmöglichen. Dieses gehörte damals zu den größten Gefahren für die Menschen, löste der Blitzschlag doch immer wieder verheerende Brände aus, die ganze Ortschaften ruinierten. Diviš wollte Dörfer und Felder mit seinen Maschinen umstellen und so gewitterfreie Zonen schaffen.

Wenngleich er damit übers Ziel hinaus geschossen war und seine meteorologische Maschine keine Gewitter verhindern konnte, so funktionierte sie ganz nebenbei als Blitzableiter – eine nicht minder revolutionäre Errungenschaft. Fälschlicherweise wird Diviš deshalb immer wieder als dessen Erfinder bezeichnet. Nur war ihm hier der Amerikaner Benjamin Franklin um drei Jahre zuvor gekommen.

Václav Divíšek wurde 1698 im ostböhmischen Helvíkovice als drittes von sieben Kindern in eine wirtschaftlich arme Familie geboren. Als Kind schon sollen ihn himmlische Vorgänge – so sagt die Legende – fasziniert haben. Der Rektor der jesuitischen Lateinschule in Znaim erkannte sein Talent und ermöglichte ihm ein Stipendium im damals berühmten Prämonstratenserkloster Louka. Diviš trat dem Orden bei und benannte sich nach dem heiligen Prokopius.

Mit der Erfindung seiner *Meteorologischen Maschine* wollte der Pfarrer Prokop Diviš gefährliche Unwetter und Blitzschläge verhindern.

Sein großes Interesse galt neben den theologischen Studien aber der Naturwissenschaft, insbesondere der Elektrizität, die damals ein heißes Forschungsthema war. Nach seiner Priesterweihe begann sein Aufstieg im Kloster, der ihn bis zum Priorsamt führen sollte. Als Seelsorger war er in der Klosterpfarre Přímětice tätig und in Znaim dozierte er Physik, wobei er es im Unterricht an Experimenten nicht mangeln ließ.

Als die Preußen während des Ersten Schlesischen Krieges das Kloster überfielen, setzten sie den Abt fest und es war an Diviš als Prior, die Freilassung zu verhandeln. Spätestens zu diesem Zeitpunkt wurde klar, dass Politik und Taktik nicht zu seinen Stärken zählten. Er zahlte ein Lösegeld, das so exorbitant hoch war, dass der Abt – kaum wieder auf freiem Fuß – ihn seines Amtes enthob und zurück nach Přímětice schickte. Diviš war darüber keineswegs unglücklich, konnte er sich doch neben seinen Pflichten als Pfarrer nun ganz der Naturwissenschaft widmen.

Auch in die Musikgeschichte sollte Diviš mit einer Erfindung eingehen. Der *Denis d'Or*, oder auch *Goldener Diwisch*, sah aus wie ein Klavier, konnte aber – wie ein späterer Synthesizer – mit Hilfe von Elektrizität den Klang anderer Instrumente nachahmen. Gelegentlich verpasste es aber auch dem Spieler einen elektrischen Schlag, was der Pfarrer, der einen ausgeprägten Sinn für Humor hatte, durchaus beabsichtigt hatte. Leider war der Goldene Diwisch nur ein Einzelstück und ist seit einem Verkauf im 18. Jahrhundert nicht mehr gesehen worden.

Nach seiner Absetzung nach Přímětice beschäftigte sich Diviš mit hydrotechnischen Versuchen, baute Wassergräben, Pumpen und sogar ein kleines Kraftwerk, ehe er mit der medizinischen Anwendung von Elektrizität experimentierte und sich zunehmend für meteorologische Fragen zu interessieren begann. In Fachkreisen sprach man bald schon von diesen Experimenten, denn Diviš war kein einfacher Pfarrer, sondern ein gut vernetzter Wissenschaftler, der Kenntnis von den neuesten Forschungsergebnissen auf dem Feld der Elektrizität hatte. Er korrespondierte etwa mit Jan Antonín Scrinci, dem ersten Professor für Experimentalphysik in Prag. Bald schon durfte er seine Experimente vor den Augen von Maria Theresia und Joseph II. am Wiener Hof und in den dortigen Salons vorführen.

Ein tragisches Ereignis, das die damalige Wissenschaftswelt erschütterte, sollte nachhaltigen Einfluss auf Diviš ausüben. Der

In Přímětice wurde dem erfinderischen Pfarrer ein Denkmal gesetzt.

St. Petersburger Physikprofessor Georg Wilhelm Richman hatte versucht, die Forschungen Benjamin Franklins im Experiment nachzustellen und mit einer Eisenstange einen Blitz einzufangen. Er starb dabei. Diviš ließen der Fall und die damit verbundenen physikalischen Fragen nicht mehr los. Er entwarf die *Meteorologische Maschine*. Eine Kontaktaufnahme mit dem Mathematiker Leonhard Euler scheiterte an dessen Desinteresse. Auch am Wiener Hof blitzte er ab, weshalb er beschloss, seine Wettermaschine im Alleingang umzusetzen. Allerdings beäugte sein Umfeld die Erfindung auch mit Skepsis. Fromme Bauern fürchteten, dass der Pfarrer in natürliche und gottgegebene Vorgänge eingriff und damit eine mögliche Strafe heraufbeschwor. Als im Sommer 1959 eine Dürre die Ernte verschlechterte, wurde Diviš' Maschine die Schuld gegeben; der Pfarrer hatte in ihren Augen mit seiner Maschine das natürliche Gleichgewicht ins Wanken gebracht und nicht nur die Gewitterwolken, sondern auch jeglichen Niederschlag vertrieben. Die *Meteorologische Maschine* musste abgebaut werden.

Zwar hatte Diviš mit seiner Maschine den Einfluss auf das Wetter falsch eingeschätzt – mit dem Blitzableiter, den er fast zeitgleich mit Benjamin Franklin entwickelt hatte, war er seiner Zeit jedoch voraus. Erst zehn Jahre nach seinem Tod setzte sich die Erfindung durch. Das Denkmal in Přímětice, in dem sich auch eine Ausstellung über Diviš befindet, entwarf der Brünner Architekt Bohuslav Fuchs. Die *Meteorologische Maschine* darf heute friedlich in unmittelbarer Nähe zum Pfarrhaus stehen.

Info

Prokop-Diviš-Denkmal

Památník Prokopa Diviše u kostela sv. Markéty,
669 04 Znojmo-Přímětice

Weltliterat und Naturfreund

Mit seinem Werk schrieb Adalbert Stifter Literaturgeschichte. Die Natur und seine Herkunft spielen darin eine entscheidende Rolle.

»In der Mitte des Thales ist der Marktflecken Oberplan, der seine Wiesen und Felder um sich hat, in nicht großer Ferne auf die Wasser der Moldau sieht, und in größerer mehrere herumgestreute Dörfer hat.« In der Erzählung *Der beschriebene Tännling* findet sich einer von vielen Verweisen im Werk Adalbert Stifters auf die Region seiner Herkunft. Der Autor und Maler ist Anfang des 19. Jahrhunderts in Horní Planá (Oberplan) aufgewachsen. Manche der Landschaften, die er so ausführlich beschrieb, haben sich seither stark verändert – ein Teil von Horní Planá ist im Lipno-Stausee versunken.

Das Geburtshaus des Autors, den Thomas Mann einmal als einen der »merkwürdigsten, hintergründigsten, heimlich kühnsten und wunderlich packendsten Erzähler der Weltliteratur« beschrieb, ist immer noch erhalten und seit den 1960er Jahren ein Stifter-Museum. »Nach der Wende war der Andrang enorm«, schildert Lenka Hůlková, die Kustodin des Museums. »Wir haben heute gute Besucherzahlen, aber damals waren es drei Mal so viel, weil das internationale Interesse an Stifters Geburtshaus so groß war.« Das literarische Erbe wird weit über die Region hinaus gepflegt, überall dort, wo Stifter lebte und wirkte. Seit der Öffnung der Grenzen lassen sich diese Stationen leicht nachreisen.

Nach dem Unfalltod des Vaters verließ Adalbert Stifter Horní Planá, um das Stiftsgymnasium Kremsmünster zu besuchen. Seine Studien in Wien brach er ab. In der Hochphase des Biedermeier war er Privatlehrer bei Staatskanzler Metternich und Vorleser der Fürstin Schwarzenberg. Mit den ersten veröffentlichten Erzählungen kam auch der Erfolg als Autor. 1848 kehrte er Wien den Rücken und zog nach Linz, wo er zunächst als Schulrat und später als Landeskonservator tätig war. Obwohl er in diesen Berufen Beachtliches leistete, waren sie ihm hinderlich für sein künstlerisches Schaffen.

In Horní Planá finden sich zahlreiche Spuren des großen Schriftstellers.

Stifter haderte oft mit dem Leben, fühlte sich unverstanden und hatte immer eine Rasierklinge in Griffweite, um notfalls seinem Leben ein Ende setzen zu können – was er 1868 auch tat. Für seine große Jugendliebe Fanny Greipl, die Tochter eines Kaufmanns aus Frymburk, war er als Student schlicht zu arm. Nachdem er in Wien Amalia Mohaupt kennengelernt hatte, fügten sich für ihn die Liebesangelegenheiten und das Paar führte eine glückliche Ehe. Gesundheitlich war es nicht zum Besten bestellt um Stifter. Er war leberkrank und um seine Essensgewohnheiten ranken sich bis heute Legenden, die von »sechs Forellen als Vorspeise« bis zu »Schnitzel mit Erdäpfelsalat zum Frühstück« reichen.

Trotz vieler Unwegbarkeiten schuf Stifter ein enormes Werk zwischen Romantik und Realismus, das aufgrund seiner Eigenheit bis heute Rätsel aufgibt. »In der tschechischen Öffentlichkeit ist Stifter weniger bekannt«, weiß Hůlková, »zu seinen Lebzeiten gab es aber bereits Übersetzungen. Die erste davon war die Erzählung *Der Condor* im Jahr 1858, vier Jahre später folgte *Der Hochwald*.«

Im *Hochwald* bezieht sich Stifter auf viele Orte aus der Umgebung, wie etwa die Burg Vítkův und den Plöckensteinersee, und erzählt eine Geschichte vor dem Hintergrund des Dreißigjährigen Krieges: Heinrich von Wittinghausen versteckt seine beiden Töchter in einem Holzhaus an einem verborgenen Waldsee, um sie vor dem Einmarsch der Schweden in Sicherheit zu bringen. In der Rahmenhandlung erzählt ein Wanderer: »Ein Gefühl der tiefen Einsamkeit überkam mich jedesmal unbesieglich, so oft und gerne ich zu dem märchenhaften See hinauf stieg. Ein gespanntes Tuch ohne eine einzige Falte liegt er weich zwischen dem harten Geklippe, gesäumt von einem dichten Fichtenbande, dunkel und ernst […]«.

Info

Adalbert Stifters Geburtshaus

Palackého 21, 382 26 Horní Planá

Von Bienen und Erbsen

Gregor Mendel wirkte mehr als 40 Jahre lang im Augustinerkloster in Brünn, wo er die idealen Bedingungen für seine Forschungen zur Vererbungslehre vorfand.

»Museum und Bienenhaus?«, fragt die freundliche Studentin. – »Was ist das Bienenhaus?« – »Dort hat Gregor Mendel seine Bienen gezüchtet!« Sie lächelt und reicht die Eintrittskarten.

Wenn der Vater der Genetik von seiner Wolke herabblickt, kann er den Ort, an dem er fast 40 Jahre lang gelebt und geforscht hat, nur sympathisch finden. Die Masaryk-Universität, von der es heißt, sie sei die beste in ganz Tschechien, betreibt das Museum im ehemaligen Augustinerkloster als Schnittstelle zwischen Wissenschaft und interessierter Öffentlichkeit und als Ort des Austausches in der Wissenschafts-Community. Im Rahmen der *Mendel Lectures* kommen führende Forscherinnen und Forscher aus der ganzen Welt nach Brünn – in den vergangenen 13 Jahren waren es mehr als 100, davon 12 mit dem Nobelpreis ausgezeichnet –, um im Refektorium des Klosters zu sprechen.

Im Museumsbereich kann man auf Hockern in Form von X- und Y-Chromosomen sitzen und an der Kassa werden T-Shirts mit Erbsen und Mendels Porträt verkauft. In den alten, schützenden Räumlichkeiten und im Klostergarten lernt man einen Menschen kennen, der hoch sensibel war. Johann Mendel, wie er vor seinem Eintritt ins Kloster hieß, wurde 1822 geboren und wuchs mit seinen Eltern und zwei Schwestern in einem kleinen Ort in Schlesien auf. Eigentlich hätte er in die Fußstapfen der Familie treten und Bauer werden sollen, doch sein Wissenshunger und seine intellektuellen Begabungen wurden früh genug erkannt. Als er 16 war, hatte sein Vater einen schweren Unfall und konnte nicht mehr voll ins Berufsleben zurückkehren. Johann musste neben der Schule arbeiten und wurde durch den Stress selbst krank. Nach ersten Studienjahren der Philosophie in Olomouc, die er immer wieder unterbrechen musste,

Der Vater der Genetik: 1910 wurde diese Marmorstatue zu Ehren von Gregor Mendel im Garten des ehemaligen Augustinerklosters aufgestellt.

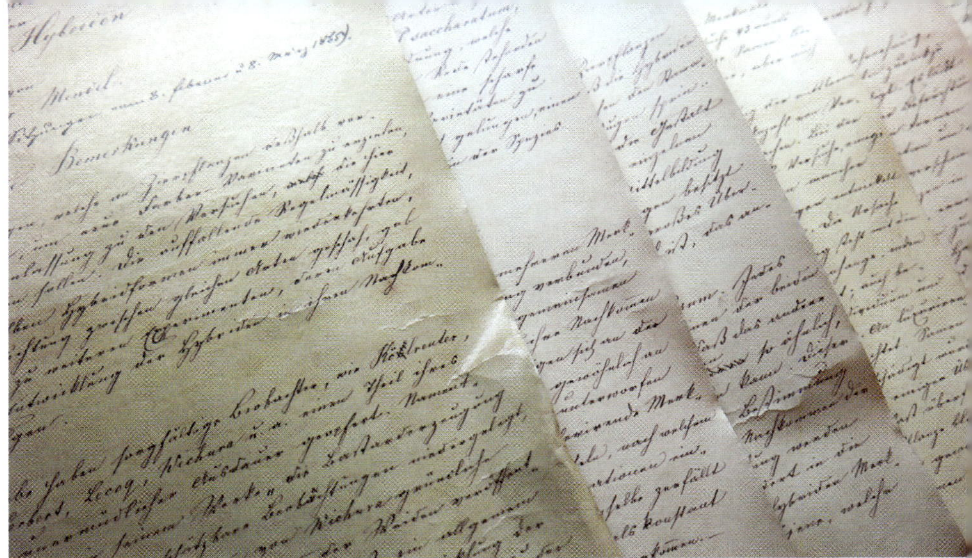

1865 publizierte Gregor Mendel seine Forschungsergebnisse zur Vererbungslehre, die er durch Experimente mit der Kreuzung von Erbsen erzielt hatte.

ging er auf Empfehlung eines Professors ins Augustinerkloster nach Brünn. Dort förderte Abt Cyrill Franz Napp junge Talente. In diesem Umfeld angekommen, konnte Gregor – so sein selbst gewählter Ordensname – sich entfalten. Zunächst ging er dem Theologiestudium nach und begann zu unterrichten. Aufgrund seines großen pädagogischen Talents sollte er die Lehramtsprüfung machen, um als ordentlicher Lehrer arbeiten zu können. Er bestand diese zunächst aber nicht. Danach studierte er in Wien und hörte Vorlesungen von bekannten Wissenschaftern wie dem Physiker Christian Doppler und den Botanikern Franz Unger und Eduard Fenzl.

1854 begann Mendel im Brünner Klostergarten mit Erbsen zu experimentieren. Abt Napp ließ ihm ein Gewächshaus bauen, das die idealen Bedingungen dafür bot. Am Ende der Studien in Wien fiel Mendel beim cholerischen Professor Fenzl durch, weil er daran festhielt, dass Befruchtung durch Verschmelzung einer männlichen und einer weiblichen Zelle vonstatten geht – worin ihm seine Experimente recht geben sollten. Mendel betrieb hoch motiviert und in aller Ruhe seine Studien im Augustinerkloster weiter. An der Mauer zur Starobrno-Brauerei errichtete Abt Napp eine Orangerie, die Mendel als Labor und Arbeitsplatz nutzen konnte.

Wo noch vor 150 Jahren Erbsen wuchsen, liegen heute Studierende und Besucherinnen und Besucher entspannt im Gras, machen Pause, hören Musik oder lernen aus ihren Skripten. Auch Mendel fühlte sich hier wohl, spielte Schach, erholte sich und empfing Gäste. Konsequent und still stellte er allmählich die grundlegenden Regeln der Genetik auf: das Gesetz der Uniformität, das Gesetz der Spaltung und das Gesetz der Unabhängigkeit. Der Garten des Augustinerklosters ist nicht mehr und nicht weniger als die Wiege der Genetik. Im Museum finden sich Werkzeuge und Unterlagen, Mendels Notizen und seine charakteristische Brille mit den runden Gläsern – vom vielen Mikroskopieren, hieß es, war seine Sehstärke dahingeschwunden.

Im Februar 1865, nach mehr als zehn Jahren der Beobachtung und Forschung, präsentierte Mendel seinen Schülern zum ersten Mal seine Erkenntnisse in der Vererbungslehre. Im März machte er diese auch in der von ihm mitbegründeten Brünner Gesellschaft für Naturwissenschaft publik und ein Jahr darauf publizierte er sie unter dem Titel *Versuche über Pflanzen-Hybriden*. Das handschriftliche Manuskript, das die Welt verändern sollte, findet sich im Museum. Die internationale Forschungsgemeinschaft interessierte sich kaum dafür.

Nach dem Tod von Cyrill Franz Napp wurde Gregor Mendel zum neuen Abt des Augustinerklosters gewählt. Auch wenn er durch seine neue Aufgabe weniger Zeit hatte, forschte er stets weiter. Er machte sich als Bienenzüchter verdient, kreuzte heimische mit fremden Bienen, und wandte sich ebenso der Meteorologie zu. Im Jahr 1870 war er der erste, der mit wissenschaftlicher Ausführlichkeit eine Windhose, die in Brünn auftauchte, beobachtete. Sein Bericht darüber findet sich in einem der Schaukästen, und schon die ersten Zeilen lesen sich mit Spannung.

Auf die Tatsache hin, dass seine revolutionären Forschungen nicht anerkannt wurden, soll Gregor Mendel einmal gesagt haben: »Meine Zeit wird schon noch kommen.« Leider erlebte der gütige Mensch, der seine Familie zeitlebens unterstützte, diese nicht mehr. 21 Jahre nach Mendels Tod brachte der englische Wissenschafter William Bateson im Hinblick auf Mendels Forschungen erstmals das Wort »Genetik« ins Spiel. Mendels Erkenntnisse zogen fortan Kreise, die bis heute immer größer werden. Hoffentlich beobachtet er das von seiner Wolke aus.

Info

Mendel-Museum

Mendelovo náměstí 1a, 603 00 Brno

• mendelmuseum.muni.cz/en

19 Koh-i-noor Hardtmuth, Budweis

Als der Bleistift die Welt eroberte

Budweis ist die Welthauptstadt des Bleistifts. Im 18. Jahrhundert legte Multitalent Joseph Hardtmuth den Grundstein für einen der größten Schreibwarenhersteller der Welt.

Was wäre die Welt nur ohne den Bleistift! Symbolisch für all das, was mit dem wichtigsten aller Schreibgeräte geschaffen wurde, stehen die großen Bleisftifte an der Ecke der Straßen Manésova und Františka Antonína Gerstnera. Auf der Brücke oberhalb, die zwei der alten Werksgebäude verbindet, steht in großen Lettern *KOH-I-NOOR HARDTMUTH*. Der große Schreibwarenhersteller ist der Inbegriff einer tschechischen Kulturgeschichte, deren Ursprung bei ihrem namensgebenden Erfinder im 18. Jahrhundert liegt.

Der im niederösterreichischen Asparn geborene Joseph Hardtmuth war der Sohn eines Tischlers und Altarschnitzers. Durch seinen Onkel kam er nach den Lehrjahren nach Wien in den Dienst der Familie Liechtenstein, stieg dort zum fürstlichen Architekten und Baudirektor auf und schuf dabei einige markante Baudenkmäler in den Liechtenstein'schen Landschaftsgärten.

Hardtmuth entwickelte zudem eine neue Zusammensetzung für Steingut – besonders widerstandsfähige Keramik – und gründete in Wien eine Geschirrfabrik. Die Liste seiner Erfindungen, zu denen auch künstlicher Bimsstein, Schiefertafeln, eine Steinpresse und zahlreiche Verfahren und Baugeräte gehörten, würde ein ganzes Buch füllen. Ihr gemeinsamer Nenner ist, dass sie allesamt Arbeitsabläufe erleichterten, praktische Probleme lösten und ökonomische Vorteile brachten. Hardtmuths nachhaltigster Geniegriff war die Erfindung der keramischen Bleistiftmine im Jahr 1802. Damals hatte man zwar bereits Schreibbehelfe aus Graphit in Verwendung – Stäbchen, die aus größeren Blöcken geschnittenen wurden. Sie erzeugten unregelmäßige Striche, waren unhandlich und teuer. Trotzdem war der Bedarf groß und die englischen Graphitgruben leerten sich allmählich. Die ersten Bleistiftminen, die bereits in Gebrauch waren, wurden

Der Fabriksschlot überragt die Gebäude des weitläufigen Fabriksgeländes und aus den offenen Fenstern strömt der Geruch von Holz und Graphit.

aus Graphitpulver und Substanzen wie Schwefel, Harz und Schellack hergestellt. Diese lieferten höchst unbefriedigende Ergebnisse.

Hardtmuth, für den das Zeichnen von Skizzen und Plänen zum täglichen Brot gehörte, hatte die zündende Idee, Graphit mit Ton zu mischen. Mit Zweiterem war er als Geschirrfabrikant vertraut. Je nach Veränderung der Tonmenge konnte er sogar unterschiedliche Härtegrade herstellen – der moderne Bleistift war erfunden. Die Rohstoffe Graphit und Ton bezog Hardtmuth aus Böhmen. In kürzester Zeit war er nicht nur unabhängig von den teuren englischen Produkten, sondern schlug auch die deutsche Konkurrenz aus dem Feld und exportierte seine Bleistifte bis nach Russland. Mit der Erfindung einer eigenen Tusche schaffte es Hardtmuth schließlich auch noch, sein Umfeld vom chinesischen Markt unabhängig zu machen. Neben dem Geschäft mit dem Geschirr wuchs allmählich auch jenes mit den Schreibwaren.

Nach Joseph Hardtmuths frühem Tod führte seine Witwe das Unternehmen weiter, bis die Söhne Ludwig und Carl in die Firma einstiegen und sie unter dem Namen *L. & C. Hardtmuth* weitreichend ausbauten. 10 Jahre nach dem Tod des Gründers lag die Bleistiftproduktion bei 200.000 Stück pro Jahr.

1846 begannen die Brüder mit dem Bau einer Fabrik in Budweis, wohin sie das ganze Unternehmen wenige Jahre später aus wirtschaftlichen Gründen verlagern mussten. Am neuen Standort florierte das Geschäft. Carl Hardtmuth lagen aber auch die Bedürfnisse der Arbeiterinnen und Arbeiter am Herzen. Er gründete eine Betriebskrankenkassa und kämpfte als Landtagsabgeordneter dafür, die tägliche Arbeitszeit von 12 auf 11 Stunden herunterzusetzen.

Carls Sohn Franz, der die Geschirrfabrikation abstieß und sich auf die Schreibwaren konzentrierte, gelang der nächste große Geschäfts-Coup. Er präsentierte den Bleistift *Koh-i-noor* auf der Pariser Weltausstellung 1889. Benannt nach dem sagenhaften Diamanten, der als einer der größten der Welt gilt, war der neue Bleistift in 17 Härtegraden erhältlich. Die Bezeichnungen dafür sind die heute noch gebräuchlichen. Laut dem Unternehmen Koh-i-noor steht das *F* für Franz, das *B* für Budweis und das *H* für Hardtmuth. Statt im Zedernholzbehälter wie damals, werden die Stifte heute in einer schicken Blechschachtel oder einzeln verkauft. Es dürfte wohl kaum jemanden geben, der die ockerfarbenen Bleistifte mit ihren braunen Köpfen nicht schon als Schulkind verwendet hat.

Die Härtegrade von Bleistiften gehen auf Franz Hardtmuth zurück.

Der Erfolg von Koh-i-noor war nicht zu bremsen und im Laufe der Zeit kamen weitere Produkte mit ikonischem Charakter dazu. Der gezeichnete Elefant, der auf den Radiergummis abgebildet ist, gehört zu den ältesten Marken der Welt. Zu Beginn des 20. Jahrhunderts stellten 500 Mitarbeiterinnen und Mitarbeiter 72 Millionen Bleistifte pro Jahr für den Weltmarkt her.

Die beiden Weltkriege brachten dem Unternehmen große Einbußen und unter kommunistischer Herrschaft wurde es verstaatlicht. Die Nachkommen der Familie Hardtmuth nahmen daraufhin ein Werk des Unternehmens im oberösterreichischen Attnang-Puchheim in Betrieb und konnten wieder unter dem Namen *Koh-i-noor* arbeiten – bis die Firma 1996 in Konkurs ging. Zu diesem Zeitpunkt war das tschechische Unternehmen bereits wieder privatisiert. Es exportiert heute Bleistifte, andere Schreibwaren und Künstlerbedarf in 90 Länder weltweit. In dem altrosa Gebäude in Budweis wird noch immer ein Großteil davon hergestellt.

Info

Fabriksgelände von Koh-i-noor Hardtmuth
Františka Antonína Gerstnera 21, 370 01 České Budějovice
• www.koh-i-noor.cz/en

Koh-i-noor Shop
Široká 421/1, 370 01 České Budějovice

Tipp

Spaziergang entlang der Uferstraße Zátkovo nábřeží
An der Uferstraße zwischen dem ehemaligen Henkersturm und dem rot leuchtenden Hotel Budweis kann man dem Trubel der Stadt entkommen. Eine Holzbrücke führt auf die Vergnügungsinsel Sokolský ostrov mit einem Planetarium, einer Schwimmarena und vielen Grünflächen.

Des Künstlers Zufluchtsort

Egon Schiele liebte Český Krumlov seit seiner Kindheit. In seinen Werken charakterisierte er die eigentümliche Architektur der Stadt wie kein anderer.

Im Werk des Künstlers Egon Schiele nimmt die Stadt Český Krumlov eine zentrale Stellung ein. Die eng verschachtelten kleinen Häuser, die alten Fassaden und Mauern, die vom Flusslauf der Moldau erzeugten Schleifen und seltsamen Krümmungen im Stadtbild – all das fand Eingang in Schieles expressionistische Malerei.

Český Krumlov war die Heimatstadt von Egon Schieles Mutter Marie. An der Adresse Parkán 111, an der Moldau, am gegenüberliegenden Ufer des Schlosses, ist ihr Geburtshaus zu finden. Durch die verwandtschaftlichen Bande kam die Familie öfter in die Stadt und Schiele lernte sie als Kind gut kennen. Im Alter von 16 Jahren zeichnete er *Das Budweiser Tor in Krumau*, die erste Landschaftsdarstellung in seinem Werk.

Nach dem Abschluss der Akademie hatte es Schiele nicht einfach in Wien. Seine damals unkonventionelle und expressive Art, den menschlichen Körper darzustellen, stieß auf einige Gegnerschaft. Frustriert von der Ablehnung, die seiner Arbeit entgegenschlug, kam er im Frühjahr 1910 nach Český Krumlov. Seine Künstlerfreunde Erwin Osen und Anton Peschka begleiteten ihn dabei. Das Geld war immer knapp. Schiele wohnte in der Masná-Gasse 133, mitten in der Stadt, nahe am Geburtshaus der Mutter. Im kleinen Český Krumlov machten die drei jungen Künstler mit ihrem unkonventionellen Lebensstil bald von sich reden, und nicht nur immer im Positiven. Über die Verwandtschaft drang das Gerede sogar bis nach Wien durch. Von dort schickte der Onkel Leopold Czihaczek, der nach dem Tod des Vaters die Vormundschaft über die Schiele-Kinder übernommen hatte und seinen Neffen auch förderte, mahnende Briefe, woraufhin es zum Zerwürfnis kam. Nichtsdestotrotz arbeitete Schiele intensiv. Für seine Stadtbilder wählte er gerne erhöhte Perspektiven.

Egon Schiele verbrachte eine glückliche und schöpferische Zeit in dem kleinen Gartenhäuschen – auch wenn die Idylle nicht lange währte.

Gerne ging er zum Schloss und bestieg dort den Turm. Arbeiten wie etwa *Häuser an der Moldau*, *Stadt am blauen Fluss* und *Tote Stadt I* entstanden in dieser Zeit.

Schiele war glücklich in Český Krumlov und spielte mit dem Gedanken, dort zu bleiben. Er bekam auch Besuch, etwa von seiner Mutter und der Schwester Gerti, die in jenem Sommer seinen Freund Anton Peschka kennenlernte und später heiratete. Im Winter ging der Künstler wieder nach Wien, traf dort Sammler und Förderer wie den Kunstkritiker Arthur Rössler, mit dem er die ganze Zeit in Kontakt stand. In dieser Zeit lernte er auch Wally Neuzil kennen, die ihm Modell stand. Auch sie hatte familiäre Wurzeln in Südböhmen, ihr Vater stammte aus einer Gemeinde nahe Bechyně. Rasch entwickelte sich zwischen den beiden eine Beziehung, die sie offen lebten. Als Schiele im Frühjahr 1911 nach Český Krumlov zurückkehrte, kam Wally Neuzil mit ihm. Mit ihr bezog er ein schön an einem Hang gelegenes Gartenhaus an der Adresse Linecká 343 auf der anderen Seite der Stadt, wo er zunächst in Ruhe arbeiten konnte. Haus und Garten stellte ihm der Kunstfreund und Textilhändler Max Tschunko kostenlos zur Verfügung. Im Freien malte er Wally und andere Modelle, darunter alte Frauen und Kinder. Dass ihm auch junge, nackte Mädchen Modell standen, erzürnte die Gemüter und führte letztlich zu einem Skandal. Im Juli 1911 berichtete Schiele in einem Brief an Arthur Rössler, dass die Stimmung in Český Krumlov gegen ihn feindlich geworden war. Kurze Zeit später musste er unter dem Druck, der gegen ihn aufgebaut worden war, abreisen. Die genauen Umstände geben bis heute Rätsel auf.

Das Egon Schiele Art Centrum widmet sich auch der zeitgenössischen Kunst.

Wie Schiele aber oft betonte, liebte er die Stadt. Auch in den folgenden Jahren kam er immer wieder für Aufenthalte nach Český

Krumlov zurück. Dabei entstanden noch zahlreiche Werke. Oft skizzierte er vor und arbeitete die Bilder später in seinem Wiener Atelier aus. Ein letztes Mal vor seinem frühen Tod besuchte der Künstler mit seiner Frau Edith die Stadt und zeichnete von der Burg aus noch zwei Bilder.

1993 wurde das Egon Schiele Art Centrum im Herzen der Altstadt gegründet. Es widmet sich einerseits Schieles Leben und Werk, ist aber darüber hinaus ein internationales Kunstzentrum. Die zeitgenössische Kunst ist durch mehrere Ausstellungen ständig repräsentiert, Künstlerinnen und Künstler werden darüber hinaus auch zu Aufenthalten eingeladen. Das aufsehenerregende Projekt *UNES-CO*, mit dem Künstlerin Kateřina Šedá bei der 16. Architekturbiennale von Venedig zu Gast war, setzte sie auch in Český Krumlov um. Sie thematisiert darin, wie Stadtbewohnerinnen und -bewohner mit der Veränderung des öffentlichen Raums umgehen, etwa in Český Krumlov, wo der Tourismusboom die Stadt auf den Kopf gestellt hat.

In Schieles Gartenatelier arbeiten in den Wintermonaten Künstlerinnen und Künstler. Im Sommer ist es für Interessierte zugänglich. Wer in den schönen Terrassen mit ihren vielen Pflanzen spazieren geht, kann sich gut ausmalen, was Egon Schiele an diesem Ort in jenem kurzen Sommer 1911 so sehr schätzte.

Info

Egon Schiele Art Centrum

Široká 71, 381 01 Český Krumlov

Egon Schieles Gartenatelier

Linecká 343, 381 01 Český Krumlov

Tipp

Stadt der Museen an der Moldau

Český Krumlov wartet mit außergewöhnlich vielen Museen auf. Vom Burgmuseum über die alte Schlossschmiede, vom Marionettenmuseum über das Spiegellabyrint, vom Fotoatelier Seidl über das Wachsfigurenkabinett bis hin zum Foltermuseum – für jeden Geschmack ist hier etwas dabei! Mit Bergbauanzügen ausgestattet kann man sogar ein altes Graphitbergwerk erkunden.

Bei Schönwetter kann man per Kanu oder Holzfloß die Altstadt mit ihren malerischen Häusern umrunden, liegt sie doch praktischerweise in einer Flussschlinge der Moldau.

Die letzten Tage des Thronfolgers

In seinem Erbschloss in Chlum bei Třeboň verbrachte Thronfolger Franz Ferdinand die letzten Tage im Kreise seiner Familie, bevor er die Reise in Richtung Sarajevo antrat.

Vor nahezu jedem großen historischen Ereignis gibt es die Ruhe vor dem Sturm, die letzten Tage, an denen noch alles beim Alten ist. Im Fall der Ermordung des österreichischen Thronfolgers Franz Ferdinand war dies ein Aufenthalt im Schloss Chlum bei Třeboň.

Der große Teich Hejtman schafft ein idyllisches Ortsbild. Im Sommer ist er beliebt bei Badegästen und Ausflüglern. Nur ein paar Schritte weiter liegt das Schloss umgeben von einem frei zugänglichen Park. Franz Ferdinand ließ ihn umgestalten und mit Plastiken ausstatten, nachdem er das Schloss von seinem entfernten Verwandten Franz V. aus der Linie Österreich-Este geerbt hatte. Als Bedingung für sein Erbe musste er den Zusatz »Este« annehmen, der sich nicht von Estland, sondern von einer kleinen italienischen Stadt in der Nähe Paduas herleitet. Dort hatte Franz V. als Herzog von Modena mit starker Hand regiert, bis die Habsburger den Piemont verloren und er vertrieben wurde. Daraufhin kaufte er Schloss Chlum bei Třeboň und lebte dort zeitweise.

Auch Franz Ferdinand hielt sich viel in Böhmen auf, allerdings weniger in Chlum. Er erwarb das wesentlich größere Schloss Konopiště, das nur 40 Kilometer von Prag entfernt lag, und ließ es für seine Zwecke umgestalten. Der Thronfolger pflegte enge Beziehungen zu böhmischen Adeligen, verfocht jedoch ein zentralistisches Ideal, in dem wenig Platz für die Mitsprache der Kronländer war. Franz Ferdinand sehnte sich nach der alten Macht der Habsburger, die zunehmend abhanden kam.

Durch die Liebesheirat mit Sophie Chotek von Chotkowa, die aus altem böhmischen Adel abstammte, hatte er den Kaiser gegen sich aufgebracht – schien dem Regenten die Ehe doch nicht ausreichend standesgemäß. Eine Leidenschaft, die der Thronfolger mit

dem Kaiser jedoch teilte, war die Jagd. An der nördlichen Fassade von Schloss Chlum befindet sich eine Darstellung des Jagdheiligen Hubertus, der Franz Ferdinands Gesichtszüge trägt. In seinem ganzen Leben soll der Erzherzog mehr als eine Viertelmillion Tiere erlegt haben, einen Teil davon auch in den Chlumer Besitzungen, die sich immerhin auf 90 Quadratkilometer beliefen. Das letzte Mal drückte er am 20. Juni 1914 ab, als ihm eine Katze über den Weg lief. An diesem Tag war er mit seiner Familie in Schloss Chlum angekommen, um für drei Tage zu bleiben. Wie aus seinen Korrespondenzen hervorgeht, schätzte Franz Ferdinand die Zeit mit seiner Familie. Den Berichten einiger Freunde und Wegbegleiter zufolge, sollen ihn in diesen Tagen aber auch Schwermut und böse Vorahnungen geplagt haben. Bevor er zum Bahnhof fuhr, gab er einem engen Freund eine goldene Uhr und bat ihn, sich um die Familie zu sorgen, sollte ihm etwas zustoßen.

Der Schlosspark von Chlum ist heute frei zugänglich und ein Erholungsort.

Es waren tatsächlich die letzten Tage, die Franz Ferdinand mit seinen Kindern verbrachte, ehe er nach Wien und von dort nach Sarajevo reiste. Am 28. Juni 1914 trafen ihn und Herzogin Sophie die tödlichen Schüsse, die in weiterer Folge den Ersten Weltkrieg auslösten.

Info

Schloss Chlum u Třeboně

378 04 Chlum u Třeboně

Tipp

Kirche Mariä Himmelfahrt

Vom Teich führt ein Kreuzweg hinauf zum Marktplatz und zur Barockkirche Mariä Himmelfahrt, in der Franz Ferdinand und seine Frau Sophie einst den Gottesdiensten beiwohnten.

Die schönste Stimme des 20. Jahrhunderts

Lange vor Maria Callas wurde der Sopranistin Ema Destinnová das Attribut »göttlich« zugeschrieben. Ihr Leben spielte sich auf den großen Bühnen der Welt, die ihr der Erste Weltkrieg schließlich verwehren sollte, und in ihrem Rückzugsort in Südböhmen ab.

Am 19. Juni 1898 gab eine damals noch völlig unbekannte junge Sängerin ihr Debut an der Berliner Hofoper als *Santuzza* in der Oper *Cavalleria rusticana*. Das Publikum war hingerissen und die Kritiker lagen ihr zu Füßen. Über Nacht wurde die in Prag als Emilie Věnceslava Pavlína Kittlová geborene Sängerin und Schauspielerin berühmt. Um ihre Gesangslehrerin zu ehren, nahm sie deren Pseudonym »Destinn« an und wurde als Ema Destinnová innerhalb weniger Jahre zu einer der gefragtesten Sopranstimmen ihrer Zeit. Sie sang in Bayreuth, in den großen Opernhäusern Europas und verbrachte einige Jahre am Royal Opera House in London. 1908 wurde Emmy Destinn, wie sie auch genannt wurde, an der New Yorker Metropolitan Opera verpflichtet und eröffnete mit Enrico Caruso unter der Leitung von Arturo Toscanini in der Rolle der Aida das Opernjahr. Die Kombination der drei Stars garantierte auch in den folgenden Saisonen phänomenale Erfolge. Es müssen aufregende Jahre gewesen sein an der »Met«, vermutlich eines der beliebtesten Zeitreiseziele für Opernliebhaberinnen und Opernliebhaber. Obwohl das 20. Jahrhundert gerade erst angezählt war, galt Ema Destinnová bereits als »schönste Stimme des Jahrhunderts«.

Giaccomo Puccini schrieb die Rolle der *Minnie* in der Oper *La fanciulla del West* eigens für Ema Destinnová, die sie im Dezember 1910 zur Uraufführung brachte. Trotz ihres Erfolgs in der großen Opernwelt fühlte sich die »göttliche Ema« immer stark mit ihrer Heimat verbunden und verhalf Bedřich Smetanas berühmter Oper *Die verkaufte Braut* zur Aufführung an der »Met«. Die Pausen zwischen

Im Museum der Region ist der Opern-Diva Ema Destinnová ein eigener Saal gewidmet, in dem Erinnerungsstücke und Requisiten ausgestellt sind.

den Spielzeiten verbrachte sie in der Natur Böhmens. »Ich wäre selig, ein Stück Boden zu besitzen«, schrieb sie an ihre Schwester Jetty, die schon damit beschäftigt war, eine geeignete Liegenschaft für sie zu suchen. Ausgerechnet im Sommer 1914 zog Ema mit ihrem damaligen Lebensgefährten Dinh Gilly ins Schloss Stráž nad Nežárkou nahe Třeboň ein. Ihre Ankunft war vom Ausbruch des Ersten Weltkriegs überschattet. Dennoch hatte sie einen Rückzugsort gefunden, konnte die Sommer in der Natur und beim Angeln verbringen und ihrer wachsenden Sammlung von Schmuck, Büchern, Instrumenten und Kuriositäten einen Platz geben. Für Gilly war es 1914 kriegsbedingt nicht mehr möglich, in die USA zu reisen. Er wurde, als Franzose, im Schloss unter Hausarrest gestellt. Zwei Jahre später traf es auch Ema Destinnová. Wegen ihres Eintretens für eine unabhängige Tschechoslowakei galt sie als Spionin und verlor ihren Pass. Sie konnte nicht mehr nach New York reisen, wodurch ihre Karriere einen Knick erlitt, der nicht mehr zu reparieren war.

Schloss Stráž nad Nežárkou war Ema Destinnovás langjähriger Wohnort.

Das Schloss von Ema Destinnová, in dessen schmiedeeiserne Torflügel die Initialen »ED« eingearbeitet sind, ist im Sommer für die Öffentlichkeit zugänglich. Die Sängerin verbrachte dort ihr restliches Leben, widmete sich der Natur, dem Angeln und dem Schreiben. Sie selbst formulierte es einmal so: »Wenn ich nicht täglich in die Natur hinausfliegen würde, würde ich den Verstand verlieren.« In Stráž nad Nežárkou arbeitete sie mit einer Laientheatergruppe zusammen, die ihre Stücke aufführte. All die Jahre hatte sie aber mit harter Geldnot zu kämpfen.

In der Tschechoslowakei und auf Konzertreisen konnte sie zwar nach dem Krieg noch Erfolge feiern, die ganz großen Bühnen blieben ihr aber verwehrt. Ihren endgültigen Abschied als Sängerin gab sie im Jahr 1928 im Rahmen eines Konzertes anlässlich des 10. Gründungsjubiläums der Tschechoslowakischen Republik. Ihre Stimme soll unverändert schön geklungen haben. Nur 15 Monate später starb sie im Alter von 52 Jahren.

Das Museum der Region Jindřichův Hradec gibt in einer permanenten Ausstellung tiefe Einblicke in die Persönlichkeit von Ema Destinnová. »Zu den interessantesten Stücken der Ausstellung gehören die Musikinstrumente – Orgelpositiv, Piano, Spinett. Ein besonderes Objekt ist auch die Kutsche von Ema Destinnová«, erzählt Kurator František Fürbach, der sich schon ein Leben lang mit der Sängerin beschäftigt. Ihr Weltruhm ist in diesen Räumen spürbar. »Aus meiner Sicht sind der Klavierauszug von *La Fanciulla del West* mit einer handgeschriebenen Widmung von Giaccomo Puccini oder der Dirigentenstab, den sie von Arturo Toscanini erhalten hat, besonders wertvoll«, so Fürbach. Sukzessive kauft das Museum Gegenstände an, die einmal zu Destinnovás Beständen gehört haben, wie etwa Möbel oder Kleidungsstücke. »In den vergangenen Jahren konnten wir eine Reihe wertvoller alter Schallplatten erstehen, darunter auch Testaufnahmen und Unveröffentlichtes«, weiß Fürbach.

Schrieb sie schon als junge Frau Theaterstücke, so arbeitete sie später auf Schloss Stráž nad Nežárkou an einem vierbändigen Roman mit dem Titel *Im Schatten der blauen Rose*, in dem sie das Leben des früheren Schlossbesitzers Baron Adolf Leonhardi, dem sie sich in vielen Belangen verbunden fühlte, thematisierte. »Bestaunt werden auch die Möbel aus Geweihen oder das geschnitzte Bett. Es soll laut Destinn einmal dem Erzbischof von Canterbury gehört haben«, erzählt Fürbach, der sich vor allem auch mit dem südböhmischen Leben der vielseitigen Ema Destinnová auseinandergesetzt hat.

Fürbach hat ein Buch über das Leben der Sängerin in Südböhmen verfasst und spielt mit dem Gedanken, in der Pension sein Wissen in eine längst überfällige Biografie zu gießen, vor allem die weniger bekannten Aspekte interessieren ihn. In der Opernwelt ist Ema Destinnová nach wie vor unvergessen. Der Film *Božská Ema (Göttliche Ema)* von Jiří Krejčík aus dem Jahr 1979 gilt als Klassiker. Aber auch im Alltag ist sie zu finden, etwa auf dem 2.000-Kronen-Schein der Tschechischen Republik.

Info

Museum der Region Jindřichův Hradec

Balbínovo náměstí 19, 377 01 Jindřichův Hradec

• www.mjh.cz/de/museumsausstellungen

23 Vladimír-Menšík-Museum, Ivančice

Filmstar und Märchenliebling

Ein kleines Museum begibt sich auf die Spuren einer tschechischen Film- und Fernsehlegende, die auch im deutschsprachigen Raum eine gewichtige Rolle spielte.

»Unser Lád'a« nennen die tschechischen Fans den 1988 verstorbenen Schauspieler Vladimír Menšík liebevoll, wenn sie zwischen den Memorabilia, Fotos, Filmszenen und Kleidungsstücken herumgehen. Die Film- und Fernsehlegende teilt sich ein Museum mit dem Maler Alfons Mucha. Beide wurden in dem kleinen Städtchen Ivančice geboren und Menšík wurde zeitlebens nicht müde, dafür zu werben. »Menšík lag Ivančice am Herzen«, erzählt Magdalena Černá, die Leiterin der Kultur- und Informationsstelle im ehemaligen Rathaus von Ivančice, in der sich das Museum befindet: »Er erwähnte seine Geburtsstadt oft im Fernsehen und sogar in Filmen.«

Im deutschsprachigen Raum waren die tschechoslowakischen Märchenfilme und Kinderserien nicht nur in der Vergangenheit beliebt, sondern zählen mittlerweile zu den Hits auf Streamingplattformen. Allen voran der Klassiker *Drei Haselnüsse für Aschenbrödel*, in dem Menšík den gutmütigen Knecht Vincek spielt, der mit den Worten »Aschenbrödel, sie sind mir wirklich gerade auf die Nase gefallen« dem armen Mädchen besagte Nüsse zusteckt. Als dieser jüngst einmal nicht im Weihnachtsprogramm lief, gab es in Deutschland Proteste bei den Fernsehstationen. Serien wie *Die Märchenbraut*, *Der fliegende Ferdinand* und *Pan Tau* sind immer noch hoch im Kurs. Da bleibt man in einem Anfall von Nostalgie schon einmal gerne beim Fernseher kleben, wenn man den Kindern die TV-Juwelen aus der eigenen Kindheit vorführt. Vladimír Menšík wirkte in all diesen Produktionen mit.

»Er ist noch immer sehr beliebt in der Tschechischen Republik«, meint Magdalena Černá, die oft persönliche Geschichten von den Besucherinnen und Besuchern erzählt bekommt: »Erwachsene erinnern sich an seine Silvester-Shows, Kinder kennen ihn wegen seiner

Menšík schlüpfte in beinahe jede Rolle: vom Hausmeister bis zum Vampir.

Rollen in Märchenfilmen.« Der Mann mit dem Charaktergesicht beherrschte das Komödienfach ebenso wie die ernsten Stoffe. Die 150 Filme, in denen er mitwirkte, sind aber nur ein Teil seines Lebenswerks.

Menšík stammte ursprünglich aus einer Arbeiterfamilie. Seine Jugend verbrachte er im Krieg, arbeitete mit 15 Jahren bereits in der Brünner Waffenfabrik, begeisterte sich für Zirkus, Musik und Theater. Nachdem er an der Janáček-Akademie für Musik und Darstellende Kunst in Brünn aufgenommen worden war, kam er an seine erste Filmrolle. In den 1950er Jahren spielte er in Prag Theater und begann schließlich für die den legendären Barrandov Studios – in denen heute noch internationale Großproduktionen gedreht werden – zu arbeiten. Durch seine Rolle in *Král Šumavy (Der König des Böhmerwaldes)* wurde sein Talent, Tragisches mit Komischem zu verbinden, einem größeren Publikum bekannt. Menšík wirkte in zahlreichen Filmen der tschechoslowakischen Nouvelle Vague mit. Etwa in Juraj Herz' verstörendem Film *Der Leichenverbrenner*, in Miloš Formans *Die Liebe einer Blondine* oder auch in František Vláčils *Marketa Lazarová*.

Menšíks Karriere durchlief bis zu seinem Tod ungebrochen alle Phasen des tschechoslowakischen Films. Der beliebte Schauspieler war alkoholkrank und litt seit seinem 35. Lebensjahr an Asthma – in einer Vitrine ist sogar sein Inhalator zu sehen. Nichtsdestotrotz ist es gerade sein Humor, für den ihn das Publikum liebt. Eine Legende wurde er auch als Entertainer, weiß Magdalena Černá: »Herr Menšík arbeitete hart und sein künstlerisches Schaffen ist äußerst umfassend. Eine komplette Liste seiner Auftritte in Fernsehshows gibt es bis heute nicht«.

Info

Vladimír-Menšík-Museum

Palackého náměstí 4/9, 664 91 Ivančice

Ahnen, Geister, Schreckgespenster

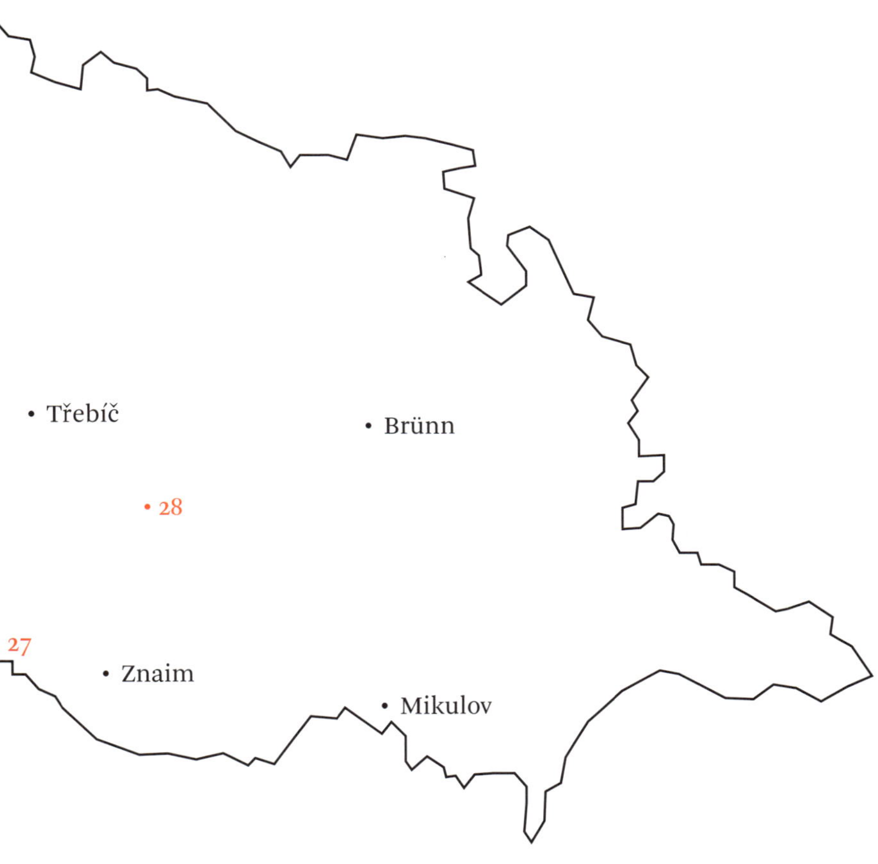

Wussten Sie, dass … ?

… eine erzürnte Ehefrau durch alle Burgen und Schlösser der Familie Rožmberk wandelt?

… unter der Klosterkirche von Vyšší Brod eine Tafelrunde der anderen Art tagt?

… auf Schloss Český Krumlov eine Vampirin residierte?

… man Atomkraftwerke auch besichtigen kann?

Im Namen der Rose

Die Rosenberger gehörten zu den mächtigsten und schillerndsten Adelsfamilien von Südböhmen. Auf ihrem ersten Stammsitz spukt ein freigiebiges Gespenst.

Es gibt mehrere Wege, um nach Rožmberk zu gelangen. In den warmen Monaten ist die Route mit dem Kanu über die Moldau die beliebteste. Einige Lokale haben sogar Anlegestellen. Und wer im Gastgarten das Treiben am Wasser beobachtet, ist nicht mehr verwundert über Lokalnamen wie *Pizzeria na 95. Km (Pizzeria bei Kilometer 95)*. Unter dem Sonnenschirm lässt sich beobachten, wie sich Kanufahrinnen und Kanufahrer Wettrennen liefern, sich gegenseitig necken und mit Wasser anspritzen oder gemächlich dahinpaddeln.

Das ganze Städtchen ist auf die Burg konzentriert, die auf dem Hügel in der Moldauschleife thront. Eigentlich sind es zwei Burgen, die durch einen Graben getrennt sind. Sie sind der ursprüngliche Stammsitz der Rosenberger, jenes legendären Adelsgeschlechts, das vom 12. bis ins 16. Jahrhundert einen unvergleichlichen Aufstieg in Südböhmen erlebte. Die Gründung der Burg fällt in die Zeit von Vitek III. von Prčice und Plankenberk und seinem Sohn Vok von Prčice. Ihre Familienlinie war jene der mächtigen Witigonen. Deren Gründervater Vitek von Prčice war oberster Mundschenk des Herzogs und späteren Königs Vladislav II. Zudem war er Gesandter am Hof von Kaiser Friedrich Barbarossa. Die Witigonen verzweigten sich im späteren Verlauf in mehrere Linien. Die vereinfachte und historisch nicht ganz korrekte Legende dieser Teilung wurde oft bildlich dargestellt und ist heute noch auf den Burgen Telč, Jindřichův Hradec und Český Krumlov zu finden. Demnach hat Vitek seine Ländereien auf seine fünf Söhne verteilt. Symbolisch erhielt jeder Sohn ein Wappen mit einer fünfblättrigen Rose auf jeweils andersfarbigem Hintergrund. Český Krumlov ging an Vitek II., Třeboň und Landštejn an Vitek IV., Jindřich erhielt das später nach ihm benannte Jindřichův Hradec, der uneheliche Sohn Sezima die Gegend von Ústí.

Die Burg Rožmberk war Stammsitz der mächtigen Rosenberger und später Familienmuseum der Buquoy.

Der beschauliche Ort Rožmberk schmiegt sich an die Moldau, auf der sich im Sommer Kanufahrerinnen und Kanufahrer tummeln.

Für Vitek III. war die rote Rose auf weißem Hintergrund vorgesehen. Sein Sohn Vok benannte daraufhin die Burg »Rožmberk«, leitete davon seinen Namen ab und begründete damit die Linie der Rosenberger. Vok machte sich außerdem verdient durch die Kolonisation Südböhmens. Die bedeutendste seiner Gründungen ist das nahe gelegene Kloster Vyšší Brod, das auch als Grablege der Rosenberger dienen sollte.

Ihre Funktion als Familiensitz musste die Burg Rožmberk bereits Anfang des 14. Jahrhunderts an Český Krumlov abgeben. Nach dem Aussterben der dortigen Witigonen-Linie erwarb Jindřich von Rožmberk die Herrschaft vom König. Die Burg Rožmberk blieb – bis auf eine zwischenzeitliche Verpfändung – jedoch weiterhin im

Familienbesitz und wurde von Burggrafen verwaltet. Bis aus den runden Turm, der heute allein steht, brannte die Obere Burg im Jahr 1522 mit dem ganzen Ort nieder. Die letzten Rosenberger bauten die Untere Burg im Renaissancestil um.

Petr Vok und sein Bruder Vilém von Rožmberk gingen als Förderer der Wissenschaften und einflussreiche Persönlichkeiten in die Geschichte ein. Beide blieben allerdings kinder- und erbenlos. Der letzte Burgherr in Rožmberk war Jan Zrinský, der Neffe Voks. Nach dessen frühen Tod ging die Burg aufgrund eines Vertrages an die Schwanberger. Diese lehnten sich gegen die Habsburger auf, die sie enteigneten und Burg Rožmberk dem ihnen getreuen Feldmarschall Charles Bonaventure de Longueval, Graf von Buquoy, zusprachen. Bis zu deren Vertreibung 1945 blieb die Burg im Besitz der Buquoy. Die Obere Burg wurde erneuert, um Landschaftsgärten erweitert und die Untere Burg im 19. Jahrhundert neugotisch umgebaut und später als Familienmuseum genutzt. Damit erhielt sie ihr heutiges Erscheinungsbild.

Jede Burg hat bekanntlich ihr Gespenst. Im Falle der Rosenberger gibt es eine Ahnfrau, die in allen Burgen des Adelsgeschlechts spukt. Ihr Porträt ist im Rosenberger Saal in der Unteren Burg zu finden, neben den anderen markanten Rosenberger Persönlichkeiten. Perchta lebte im 15. Jahrhundert und war die Tochter von Oldřich II., der sie mit Jan von Liechtenstein verheiratete. Weil der Vater die Aussteuer nicht ordentlich ausbezahlte, wurde Perchta von ihrem Ehemann schlecht behandelt. Am Totenbett bat er sie dafür um Vergebung. Die gekränkte Gattin gewährte sie ihm nicht. Erzürnt soll er sie daraufhin noch in seinen letzten Zügen verflucht haben, weshalb ihr Geist bis heute nicht zur Ruhe kommt. Nach ihrem Tod begann Perchta schließlich auf den Burgen der Rosenberger zu erscheinen. Lächelte sie dabei, stand ein freudiges Ereignis bevor, trug sie schwarze Handschuhe, sollte jemand sterben, trug sie rote, drohte Vernichtung. Petr Vok soll sie der Legende nach viel Geld gebracht haben, indem sie ihm einen Schatz offenbarte. Tatsächlich nahm Vok das Familienvermögen – und keinen gefundenen Schatz – vor seinem Tod in die Hand, um das Passauer Heer, das in Böhmen eingefallen war, auszubezahlen und damit den Frieden wieder herzustellen.

Info

Burg Rožmberk

382 18 Rožmberk nad Vltavou

Die Tafelrunde der Zombies

Von den ersten Rosenbergern gegründet, ist das Zisterzienserkloster eine Schatzkiste der Geschichte Südböhmens, die in der Gegenwart zum Treffpunkt der Ausflüglerinnen und Ausflügler geworden ist.

Die Vorstellung ist schauderhaft und faszinierend zugleich. Wie die Ritter der Tafelrunde sitzen die Oberhäupter aus dem Adelsgeschlecht der Rosenberger in der Familiengruft um einen großen runden Tisch. Es sind Vierzig an der Zahl. Unter ihnen befinden sich der erste Rosenberger Vok I., der das Kloster Vyšší Brod als Dank für die Errettung aus den Fluten der Moldau stiftete, und auch der letzte, Petr Vok, mit dem die mächtige Adelsfamilie nach 12 Generationen ausgestorben ist. Auf ihren Wunsch hin, sind die »Könige Südböhmens« nicht in Särgen, sondern auf goldenen Stühlen sitzend bestattet, damit sie weiterhin über ihre hehren Ziele und großen Taten philosophieren können.

Man kann sich diese Zombie-Gespräche lebhaft ausmalen. Wie die edel Gewandeten gespannt und mit abblätternden Mienen gegenseitig ihren Anekdoten lauschen und dann der clevere Oldřich II. mit seinen unzähligen Urkundenfälschungen prahlt. Schallendes Gelächter bricht aus, sodass der Kirchenboden bebt, als er erzählt, wie er der Familie eine edle Abstammung vom römischen Geschlecht der Orsini angedichtet und eine ganze Reihe von Chronisten damit ins Bockshorn gejagt hat.

Die Geschichte von der »Rosenberger-Tafelrunde«, die der Gelehrte Bohuslav Balbín im 17. Jahrhundert in Umlauf gebracht hat, ist viel zu schaurig-schön, als dass man sie mit den jüngsten Forschungsergebnissen entzaubern sollte, deshalb soll dies hier auch nicht geschehen. Nur so viel: Erst im Jahr 2011 warfen Wissenschaftler mit einer Sonde einen Blick in die sagenumwobene Gruft der Rosenberger, die nach dem Aussterben der Familie auf vorherige Anordnung Petr Voks für immer verschlossen bleiben sollte.

Im Altarraum der Kirche ist die Grabplatte der Rosenberger angebracht, in der Gruft darunter sollen die Verblichenen auf goldenen Stühlen sitzen.

Wenn die Tourist-Guides durch das Kloster führen und beim Presbyterium Halt machen, zeigen sie auf der linken Seite den symbolischen Grabstein, der an dem Wappen mit der roten Rose auf weißem Hintergrund und an der Darstellung von Vok I. als Ritter zu erkennen ist. Wer mit offenen Augen durch das Zisterzienserkloster geht, wird an vielen Stellen solche Symbole der Rosenberger finden.

Im Hof des Klosters mischen sich die Gruppen: Radfahrerinnen und Radfahrer, Busreisende, Ausflüglerinnen und Ausflügler. Vyšší Brod ist eine Attraktion – auch wegen des Postmuseums, das sich auf dem Klosterareal befindet. Es erzählt die Geschichte des Post- und Transportwesens mit einer schier unglaublichen Fülle an originalen Exponaten: ein ganzer Fuhrpark an Kutschen, eine alte Poststube, Telegrafenapparate, Briefmarken und alles, was noch zum Postwesen gehört. Es ist eine schöne Symbolik, die Geschichte der Kommunikation an einem Ort zu erleben, an dem viele Jahrzehnte lang der Eiserne Vorhang das Geschehen dominierte. In Vyšší Brod ist die Grenze wieder im Verschwinden begriffen. Die oberösterreichische Landesausstellung traf im Jahr 2013 mit ihrem Titel *Alte Spuren. Neue Wege* den Nerv, indem sie grenzüberschreitend in Freistadt, Bad Leonfelden, Český Krumlov und Vyšší Brod ausgerichtet wurde.

Im Postmuseum von Vyšší Brod findet sich dieser kurios geformte Postkasten.

Seit damals zeigt das Kloster einen der wertvollsten Kunstgegenstände der Tschechischen Republik, das Záviš-Kreuz, gut bewacht im Oratorium. Abenteuerlich ist seine Geschichte. Die ungarische Königstochter Anna floh 1270 vor ihrem Bruder Stephan V. zu ihrem Schwiegersohn König Přemysl Otakar II. nach Prag. Mit im Gepäck hatte sie das wertvolle Kreuz, das möglicherweise sogar das Krönungskreuz der ungarischen Könige war und dann in den böhmischen Kronschatz überging. In der Zwischenzeit führte Záviš von

Falkenstein, aus der in Südböhmen weit verzweigten Adelsfamilie der Witigonen, eine Allianz von rebellischen Adeligen gegen König Přemysl Otakar II. an. Die Witigonen waren dem König zu mächtig geworden. Nachdem Otakars II. Bestreben, römisch-deutscher König zu werden, nicht aufging, musste er sich dem Habsburger Rudolf I. beugen und auch die Interessen seiner adeligen Widersacher im Süden akzeptieren. Auf den Tod Přemysl Otakars II. in der Schlacht auf dem Marchfeld folgte der Aufstieg von Záviš. Er hatte eine Liebschaft mit der Königswitwe Kunigunde von Halitsch und legitimierte diese durch eine Hochzeit, die sie nur um wenige Monate überlebte. Václav II., der Sohn von Otakar II. und somit zukünftiger König Böhmens, war erst 14 Jahre alt, was Záviš in die vorteilhafte Lage brachte, das Land de facto zu regieren. In dieser Zeit transferierte er das Kreuz aus dem Kronschatz nach Südböhmen ins Kloster Vyšší Brod. Vielmehr höher als der Wert von Gold und Edelsteinen, die es verzierten, war sein Inhalt: ein Splitter vom Kreuz Christi. Diese unbezahlbare Reliquie befand sich nun im Einflussbereich der Witigonen.

Als Václav II. selbst regieren konnte, ließ er seinen Stiefvater fallen. Záviš hatte zu seinem Pech eine ganze Riege empörter Adeliger am Hals, die es ihm zutiefst verübelten, dass er wie eine Made im Speck gelebt und sich eine Reihe von Ländereien angeeignet hatte. Záviš setzte sich nach Ungarn ab und heiratete die Schwester von König László IV. Seine Vergangenheit aber holte ihn ein und der einst gerissene Záviš wurde von seinen wütenden Gegnern verurteilt und unterhalb der Burg Hluboká nad Vltavou enthauptet. Und wieder war es Bohuslav Balbín, der die Geschichte Záviš' im 17. Jahrhundert zur Legende machte, indem er beschrieb, wie die Zisterzienser seinen Leichnam in zwei Teilen nach Vyšší Brod überführten. Seinen Körper begruben sie im Kapitelsaal neben den Äbten, seinen Kopf mauerten sie daneben in die Wand ein. Damit dankten sie ihm für seine wertvolle Gabe.

Für das Kreuz war das Abenteuer noch nicht vorbei. Aus Geldnot mussten die Mönche im 18. Jahrhundert den goldenen Christus vom Kreuz nehmen, ihn einschmelzen und zu Dukaten machen. Nach der Verstaatlichung des Kloster im 20. Jahrhundert kam das Kreuz in den Prager Domschatz. Als aber die Zisterzienser 1989 nach Vyšší Brod zurückkehrten, fand auch der wertvolle Schatz wieder seinen Weg nach Hause.

Info

Kloster Vyšší Brod und Postmuseum

Klášter 137, 382 73 Vyšší Brod

Vampirtheater mit Special-Effects

Eine Bastion der Schönheit ist das mächtig über der Moldau thronende Schloss Český Krumlov. In seinen Mauern finden sich Geschichten von Glanz und Elend.

»Wenn einmal ein Zufall, müßige Reiselust oder der Tod Ihrer verehrten Frau Erbtante – der ich übrigens noch ein recht ausgiebiges Leben wünsche – Sie, geschätzte Leser, nach Südböhmen führt, lassen Sie sich es nicht verdrießen, einen Tag in dem malerisch gelegenen Städtchen Krummau Aufenthalt zu nehmen« schrieb Rainer Maria Rilke in seinem 1895 erschienenen Essay *Böhmische Schlendertage*. Mit launigen Worten führt der Dichter durch das uralte Schloss. Seiner Empfehlung folgen hunderttausende Besucherinnen und Besucher jedes Jahr. Dennoch ist es einfach, sich im zweitgrößten Gebäudekomplex der Tschechischen Republik zwischen lauten Gruppen und enthusiastischen Hobbyfotografinnen und -fotografen zu verlieren, wie Rilke durch die Höfe zu schlendern und in »Sälen und Gängen, Galerien und Kemenaten« ein paar spektakuläre historische Episoden aufzuschnappen. Darin begegnet man dem Who is Who der südböhmischen Geschichte: klugen und weniger klugen Familienoberhäuptern, kultivierten Schlossherrinnen, einem irren habsburgischen Abkömmling, einer angeblichen Vampirin und einem Gespenst. Letzteres ist der Hausgeist der Rosenberger, die »weiße Frau«, die in allen Rosenberg'schen Burgen spukt – Abwechslung muss schließlich sein!

In Český Krumlov endete die Ära der einst so schillernden Rosenberger unmittelbar nach ihrem Höhepunkt. Vilém von Rožmberk war es, der die mächtige, gotische Burg in ein Renaissance-Juwel verwandelte. Er schien alles zu haben: eine blendende politische Karriere, vier Ehefrauen aus den besten Häusern, europaweite Verbindungen – nur keine Kinder. Zwar hatte er das Familienvermögen vermehrt, der aufwendige Lebensstil und die vielen Investitionen verschlangen aber zusehends Ressourcen. Sein Bruder und Erbe Petr Vok von Rožmberk kam in die finanzielle Bredouille. Er sah sich

In den Gängen der Burg spukt die »weiße Frau«. Und auch die »Vampir-Fürstin« fand Nachts keine Ruhe in den alten Gemäuern.

gezwungen, Besitzungen zu veräußern und den jahrhundertealten Stammsitz Český Krumlov an den Habsburger-Kaiser Rudolf II. abzutreten.

Das nächste Kapitel des Schlosses ist eine Horrorgeschichte. Rudolf II. schickte seinen unehelichen Sohn Don Julius Caesar d'Austria auf die Burg. Der begehrte die Tochter einer Krumlover Baderfamilie, befahl sie zu sich und misshandelte sie derart, dass sie aus dem Fenster sprang, um zu entkommen. Zwar überlebte sie den Sturz, nicht aber das nächste erzwungene Zusammentreffen mit ihrem Peiniger. Man möchte meinen, der Fantasy-Autor George R. R. Martin hätte an dieser traurigen Geschichte Anleihen für seinen Bestseller *Game of Thrones* genommen. Nach dem Mord ließ der Kaiser seinen geisteskranken Sohn auf der Burg einsperren. Rainer Maria Rilke bewegte das Schicksal der jungen Baderstochter so sehr, dass er es in seinem Drama *Das Thurmzimmer* verarbeitete.

Im schummrigen Barocktheater erschien allzu oft der Teufel dem Publikum.

Mit den aus der Steiermark stammenden Eggenbergern brachen wieder bessere Zeiten an. Die kultivierte Marie Ernestine von Eggenberg gab den Anstoß, das Schloss zu barockisieren, die Bibliothek zu erweitern und ein Barocktheater zu erbauen. Im Laufe der Zeit entstanden 350 Kulissen, 600 Kostüme und 2.400 Requisiten. Dass es noch immer erhalten ist, grenzt an ein Wunder. Die meisten Barocktheater wurden ein Raub der Flammen, denn alles war aus Holz, das Licht kam von Kerzen und der Einsatz von Pyrotechnik erfreute sich großer Beliebtheit. Die Tourist-Guides, die durch das Theater führen, geben gerne eine Probe der barocken Special-Effects, lassen es ordentlich donnern und den Regen prasseln. Wie komplex die Technik war, zeigt die Maschinerie unterhalb der Bühne, anhand derer die bemalten Kulissen in Sekundenschnelle gewechselt werden konnten, sich ein Salon in einen Park verwandelte. Lebhaft erzählen die Guides davon, wie das Theater zur Manipulation benutzt wurde. Trat in den Stücken der Teufel mit Donner und Blitz auf, so wandten sich die Untergebenen ihrem Grundherrn zu, der in der Loge über ihnen thronte, die Menge beruhigte und ihnen seinen Schutz aussprach.

Mit dem Aberglauben ist es so eine Sache – der einen nützt er, dem anderen schadet er. Im 18. Jahrhundert spielte sich eine Geschichte ab, die den Wiener Medienwissenschafter Rainer Köppl zu der Theorie veranlasste, dass Eleonore zu Schwarzenberg eine wesentliche Inspiration für Bram Stokers *Dracula* war. In Böhmen grassierte zu ihren Lebzeiten der Vampir-Aberglaube. Am Moldau-Ufer gegenüber der Burg fanden Archäologen Gräber, deren Leichname eindeutige Spuren von »Vampirjägern« aufwiesen – dem einen war der Kopf abgetrennt, der andere war gepfählt worden. Aber was hat das mit der Fürstin zu Schwarzenberg zu tun? Vieles an ihr schien sonderbar. Sie ließ Wölfe züchten und trank deren Milch in der Hoffnung, einen männlichen Erben zu gebären. Als sie im Alter von vierzig Jahren schwanger wurde, glaubten die Menschen an Hexerei. Nachdem ihr Mann – vom Pech verfolgt – bei einem Jagdausflug dem Kaiser vor die Flinte lief, zog Eleonore sich in die Burg zurück. Eines Tages wurde sie von einer sonderbaren Krankheit befallen, die ihr den Schlaf raubte, sie blass und blutleer erscheinen ließ. Ärzte und Wunderheiler gaben sich die Klinke in die Hand, Eleonore orderte die absonderlichsten Elixiere. Den Menschen im Ort war ihre Fürstin nicht mehr geheuer, zumal die Schlossgemächer nächtelang vom Schein flackernder Kerzen erhellt waren.

Nach ihrem Tod wurde Eleonore in Wien von einem Großaufgebot an Ärzten obduziert. War sie etwa von der Vampirkrankheit befallen? Aus heutiger Sicht ist die Diagnose klar – sie litt an Eierstockkrebs. Ihr Leichnam wurde so rasch wie möglich wieder aus Wien weggeschafft und bei Nacht und Nebel in der St.-Veits-Kirche in Český Krumlov bestattet. Nach Köppls Analyse weist ihr Grab alle damals gängigen Standards in punkto Vampirsicherheit auf, ist zugemauert und mit geweihter Erde bedeckt.

In einer Urfassung von *Dracula* ließ Bram Stoker seine Figur Jonathan Harker zunächst nach Böhmen reisen, wo er auf eine Vampirin traf. Der Autor zitiert zudem zwei Mal aus Gottfried August Bürgers Ballade *Lenore*: »Die Toten reiten schnell«. Das könnte eine Anspielung auf die überstürzte nächtliche Überführung der »untoten« Eleonore von Wien nach Český Krumlov gewesen sein. Diente die »Vampir-Fürstin« dem britischen Autor als Inspiration?

Info

Burg und Schloss

Zámek 59, 381 01 Český Krumlov

27 Ahnensaal, Schloss Vranov nad Dyjí

Familienalbum in XXL

Unter den vielen Schlössern der Tschechischen Republik sticht Vranov heraus. Dort baute ein junger Wiener Barockarchitekt ein Meisterwerk seiner Zeit.

Man sollte meinen, es sei die wirklich malerische Lage auf einem Felsen über der Thaya (Dyje), die den Ruhm des Schlosses Vranov begründet. In gewisser Weise ist das natürlich auch richtig. Doch der eigentliche Besuchermagnet ist der freistehende Ahnensaal an der vorderen Spitze des Schlosses. Der Gänsehautfaktor in der elliptischen Halle hat weniger mit den gespenstischen Vorfahren der Adelsfamilie Althann zu tun, die bei dimmen Lichtverhältnissen aus Bildern und von Büsten steigen und durch alte Gänge spuken können. Vielmehr lässt die Architektur des jungen Johann Bernhard Fischer von Erlach, seines Zeichens Barockbaumeister und Erbauer gleich mehrerer ikonischer Bauwerke, die Herzen von Architektur-Aficionados höher schlagen. Der Wiener Baumeister hatte beinahe 16 Jahre in Rom und Neapel verbracht, dort vielbeachtete Größen wie Gian Lorenzo Bernini kennengelernt und das Wissen um die antike als auch um die barocke Architektur in sich aufgesogen.

Nachdem er mit einem guten Ruf nach Österreich zurückgekehrt war, baute er unter anderem für die Familie Liechtenstein eine Reithalle beim Schloss Lednice. Auch Michael Johann II. Althann hatte von seinen Fähigkeiten Wind bekommen und nahm Kontakt mit ihm auf. Der traditionsbewusste Graf hatte Schloss Vranov, das sich schon einmal in Familienbesitz befunden hatte, zurückgekauft, wünschte dies umzubauen und seine Familiengeschichte in Form eines Ahnensaales zu würdigen. Gewillt, etwas »Ungemeines« zu schaffen, nahm Fischer von Erlach den Auftrag an und setzte einen fast utopischen Entwurf auf dem Felsen über der Thaya um. Er baute den Saal freistehend als riesigen ovalen Raum mit einer gigantischen Kuppel, die der Maler Johann Rottmayr später ausgestaltete. Die ovale Form sollte den Architekten von nun an ein Leben lang begleiten.

Mit dem Ahnensaal revolutionierte Fischer von Erlach die Architektur.

Den besten Blick auf das Gebäude, das fast wie ein antikes Mausoleum anmutet, erhascht man von einem Parkplatz an der Straße, die sich in Serpentinen in den Ort hinunter windet. Graf Althann dürfte mit dem Ergebnis hoch zufrieden gewesen sein, denn er beauftragte Fischer von Erlach zehn Jahre später noch einmal für den Bau einer neuen Kapelle. In der Ovalhalle ist Graf Althann im Kreise seiner erlauchten Ahnen als Standbild gleich neben der Eingangstür zu finden. Die zehn Herrschaften, die in den Nischen stehen, sind die Stammhalter der Familie Althann und repräsentieren in heroischen, verklärten, gebildeten oder ganz stoischen Posen die Familiengeschichte. Stammvater Dietmar von Thann ist daran erkennbar, dass er den längsten Bart im Saal trägt. Er durfte sich eines langen Lebens erfreuen und wurde deswegen »der alte Thann« genannt, wovon sich der Familienname Althann ableitet.

Zwischen den gestrengen Blicken der Standbilder ereigneten sich in der Barockzeit rauschende Bälle, dramatische Opernaufführungen und pompöse Empfänge. Später wurde der Saal als Wohnsalon genutzt – man bedenke die Ausmaße von 17 Metern Höhe, 15 Metern Breite und 26 Metern Länge!

Im 18. Jahrhundert befand sich das Schloss im ständigen Umbau. Es wurde immer pompöser und prächtiger. Obwohl sich das Schlafzimmer von Michael Joseph von Althann gleich neben dem Ahnensaal befand, konnten ihm die Geister der Vorfahren keinen Einhalt gebieten. Er verschuldete sich so sehr, dass er Ende des 18. Jahrhunderts in Konkurs geriet und das Schloss inklusive Familiengeschichte in XXL verloren ging. Nach aufregenden Jahrhunderten ist Ruhe eingekehrt und die Ahnen erfreuen sich guter Gesellschaft von Besucherinnen und Besuchern aus der ganzen Welt.

Info

Schloss Vranov nad Dyjí

Zámecká 93, 671 03 Vranov nad Dyjí

Schreckgespenst zum Anfassen

Kaum ein Thema polarisiert so sehr wie die Atomkraft. Das Kernkraftwerk Dukovany ist fester Bestandteil der tschechischen Energiepolitik. Es kann auch besucht werden.

Egal von welcher Seite man sich nähert, die dampfenden Kühltürme sind schon von Weitem zu sehen. Fast schon spektakulär steht das Kernkraftwerk Dukovany in der Landschaft, umgeben von Feldern, Wiesen und Wäldern. Seit Jahren ist es unter Beobachtung von Atomkraftgegnerinnen und -gegnern und wegen seiner Grenznähe ein Zankapfel in den sonst freundschaftlichen Beziehungen zwischen Tschechien und Österreich.

Dukovany ist das erste von zwei tschechischen Kernkraftwerken. Mit dem Bau wurde Ende der 1970er Jahre begonnen. Von 1985 bis 1987 gingen die vier Reaktorblöcke nacheinander in Betrieb. Es handelt sich dabei um sowjetische Druckwasserreaktoren vom Typ WWER-440/213 – die zweite Generation sowjetischer Reaktoren, welche in den 1970er Jahren entwickelt wurde. Einer der Hauptkritikpunkte an diesen alten Reaktoren ist, dass sie kein Containment haben, also eine Umhüllung, die in einem Störfall verhindert, dass radioaktive Stoffe in die Atmosphäre entweichen können. Ihre Laufzeit wurde erst 2017 auf maximal vierzig Jahre verlängert, womit sie frühestens erst Mitte der 2020er Jahre abgeschalten werden.

Atomenergie ist derzeit ein wesentlicher Teil im Energiemix der Tschechischen Republik. Dukovany allein deckt ein Fünftel des gesamtstaatlichen Energiebedarfs. Befürworterinnen und Befürworter sehen im weiteren Ausbau der Atomkraft die einzige Möglichkeit, um eine Zukunft ohne die CO2-intensiven Kohlekraftwerke zu meistern – diese haben bisher noch immer einen Löwenanteil am Energiemix. Deshalb wird seit Jahren über den Ausbau von Dukovany um zwei weitere, effizientere Reaktoren diskutiert, welche die alten nach deren Auslaufen ersetzen sollen. Eine Umweltverträglichkeitsprüfung gab dafür im Spätsommer 2019 grünes Licht. An Störfällen und

Das Atomkraftwerk Dukovany ist ein umstrittener Energielieferant.

Problemen mangelt es freilich auch nicht. Ein handfester Skandal erschütterte die Tschechische Republik erst 2015, als die staatliche Atom-Aufsichtsbehörde feststellte, dass Röntgenbilder von Schweißnähten im Reaktor gefälscht wurden.

Im Besucherzentrum wird ein nüchterner Ansatz vertreten. In einem Kinofilm erfährt man, wie ein Atomkraftwerk funktioniert. Danach steht man zwischen leuchtenden und blinkenden Reaktormodellen und bekommt die einzelnen Kreisläufe erklärt, inklusive aller Arbeitsbereiche im Kraftwerk.

Für die Sicherheit des Kraftwerks ist der Kühlkreislauf essentiel. Im Falle von Dukovany kommt das Kühlwasser aus dem Fluss Jihlava, der in wenigen Kilometern Entfernung aufgestaut ist. Eine zweite Kühlquelle, bemängeln die Kritikerinnen und Kritiker, wäre vonnöten, um umfassendere Sicherheit zu gewährleisten. Während der Führung macht man einen Ausflug in den Reaktorkern, selbstverständlich nur in nachgebauter Variante. Mulmig kann einem werden bei der Überlegung, dass sich in nicht einmal hundert Metern Entfernung täglich Arbeiterinnen und Arbeiter einer gerade noch vertretbaren Strahlendosis über dem tatsächlichen Reaktor aussetzen. Die verbrauchten Brennstäbe, also der radioaktive Abfall, müssen in einem Lager vor Ort aufgehoben werden – die Lösung für eine Endlagerungsstätte ist derzeit noch nicht in Sicht.

Ein bisschen schwarzer Humor darf natürlich nicht fehlen. Zwar darf das eigentliche Kraftwerk nur von Personal und befugten Personen betreten werden; im Besucherzentrum kann man sich allerdings per Fotomontage in finstere Gänge und sogar zum Reaktor begeben – vielleicht lassen sich ja die Familienmitglieder zuhause mit so entstandenem Bildmaterial erschrecken.

Info

Kernkraftwerk Dukovany

Dukovany 269, 675 50 Dukovany

Hochprozentiges und Zuckersüßes

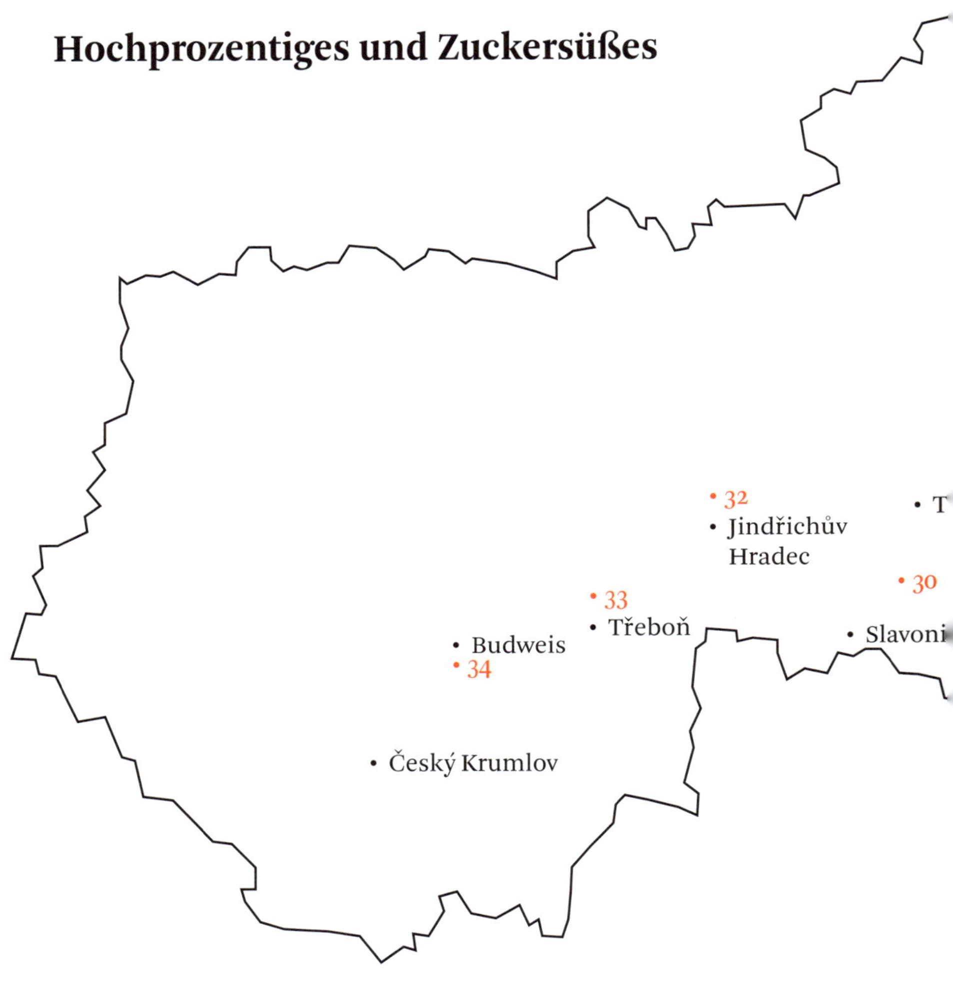

Wussten Sie, dass … ?

… Sie im Feuerwehrhaus von Bítov ihren Durst mit Bier löschen können?

… der Zuckerwürfel nach einem blutigen Unfall erfunden wurde?

… Absinth gar nicht giftig ist?

… sich Marzipan für den Geschichtsunterricht besser eignet als jeder Lehrer?

29 Hasičský pivovar, Bítov

Bier aus dem Feuerwehrhaus

Dass Bierbrauen ein ehrenwertes Handwerk ist, beweist die Familie Tesař mit ihrer Mikrobrauerei, die sich ganz den tschechischen Klassikern verschrieben hat.

Ein sprichwörtlicher Durstlöscher ist das Bier aus der kleinen Privatbrauerei in Bítov. Hasičský pivovar bedeutet nämlich *Feuerwehr-Brauerei.* Ihrem Namen gerecht, befindet sie sich tatsächlich in einem Feuerwehrhaus. Wer durch den großen Gastgarten eintritt, befindet sich einerseits in einem kleinen Lokal, und andererseits schon im Herzen des Brauprozesses. Gleich neben der Bar ragen die Kessel in die Höhe. Man ist umgeben vom Duft der Würze und der abstrahlenden Wärme der Sudpfannen. Maischekessel und Whirlpool sind zu erkennen, die Lagertanks befinden sich im Raum dahinter. Eine Stiege führt in den offenen ersten Stock, von wo aus das Geschehen gut in Augenschein genommen werden kann. Meist anwesend ist auch Brauereibesitzer Roman Tesař, der seine Gäste freundlich empfängt und in die Kunst des Bierbrauens einführt.

Tesař kommt mit Leib und Seele aus dem Gastgewerbe. Die angrenzende Gastwirtschaft befand sich schon länger im Besitz seiner Familie. Nachdem er sie von den Eltern übernommen und eine Zeitlang betrieben hatte, suchte er nach neuen, zusätzlichen Herausforderungen. Das Brauhandwerk erschien ihm naheliegend, weil Bier in seinen Augen ein für die Region typisches Produkt ist. Um sein Vorhaben zu verwirklichen, trat ihm die örtliche Feuerwehr ein Stück ihres Hauses ab. Für Einsatzfahrzeug und Ausrüstung ist im verbliebenen Gebäudeteil noch genügend Platz vorhanden. Im Jahr 2015 konnte das Ehepaar Roman Tesař und Marie Tesarova die Brauerei im Feuerwehrhaus eröffnen und gleich die Kritikerinnen und Kritiker von ihren Bieren überzeugen, Prämierungen folgten rasch.

Während einige traditionelle tschechische Biermarken schon vor Jahren an internationale Konzerne verkauft wurden, haben

Familie Tesař verwandelte das Feuerwehrhaus von Bítov in eine Brauerei.

Mikrobrauereien zu boomen begonnen. Jahr für Jahr eröffnen neue Brauhäuser, die das Handwerk im Gegensatz zur industriellen Produktion in den Vordergrund rücken und eine Vielfalt an Bieren herstellen.

Die Tesařs legen Wert auf die tschechische Art der Braukunst und wenden traditionelle Rezepturen an. Sieben Tage dauert die Hauptgärung und 25 Tage lang befindet sich das Bier in den Lagertanks, bevor es trinkfertig ist. Frisch sollte es genossen werden, weil es nicht gefiltert und nicht pasteurisiert ist. Der Klassiker ist das für Tschechien typische helle Lagerbier. Darüber hinaus gibt es ein halbdunkles Lager mit bittersüßen und karamelligen Aromen und ein bernsteinfarbenes Indian Pale Ale mit Zitrusaroma, für das amerikanischer Hopfen verwendet wird. Alle anderen Ingredienzien sind aus Tschechien: frisches Quellwasser, Hopfen aus Žatec und Malz aus Hodonice oder Záhlinice.

Neben den Bieren bieten die Tesařs auch Produkte, die zunächst niemand mit einer Brauerei in Verbindung bringen würde. Marie Tesarova hat eine einzigartige Biermarmelade und einen süßen Biersirup kreiert. Die beiden Delikatessen bringen den Hopfengeschmack auch ohne Alkohol bestens zur Geltung.

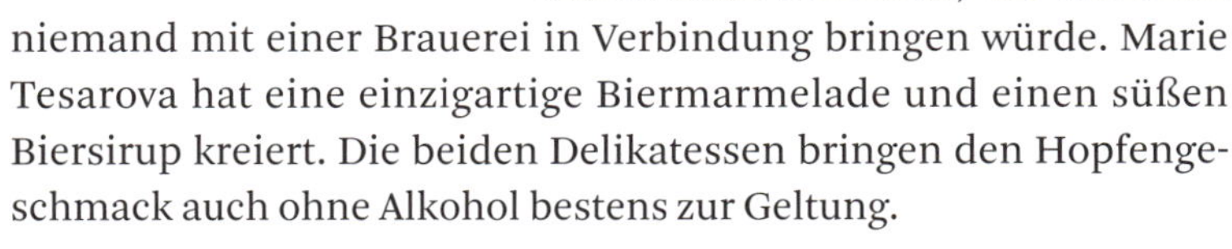

Info

Hasičský pivovar

Bítov 9, 671 10 Bítov

• www.pivovarbitov.cz

Tipp

Der Stausee Vranov und seine Burgen

Direkt über dem Thaya-Stausee Vranov thronen die Burg Bítov und die Ruinen der Burg Cornštejn. Nach deren Besichtigung kann man den 30 Kilometer langen Stausee per Schiff erkunden.

30 Zuckerwürfelmuseum und Café Dalberg, Dačice

Vom Hut zum Würfel

1841 schrieb ein blutiger Finger Geschichte. Von Dačice aus eroberte der Würfelzucker die Teetassen der Welt.

Dass Zucker eine süße Verführung ist und die Menschen ihr nicht widerstehen können, wusste der Erfinder und Fabrikant Jacob Christoph Rad nur zu gut, als er Mitte des 19. Jahrhunderts den steigenden Zuckerverbrauch der kommenden fünf Jahrzehnte beinahe exakt prognostizierte. Einen wesentlichen Beitrag zur einfacheren Handhabung des süßen Grundnahrungsmittels hat seine Ehefrau Juliana geleistet. Noch im Jahr 1841 war Zucker nur in Hutform oder als Sirup erhältlich.

Der Dačicer Zuckerfabrikant soll gerade im Kreise von Mitarbeitern gespeist haben, als Juliana mit blutigen Fingern den Raum betrat. Die Verletzung war beim Abhacken eines Stückes vom Zuckerhut geschehen. Mit süffisantem Ton soll sie die Herren gefragt haben, warum sie nicht längst etwas erfunden hätten, um derlei Blessuren – die in den Haushalten der damaligen Zeit häufig vorkamen – zu verhindern. Dabei hatte sie sich offenbar selbst schon Gedanken gemacht und warf ein, dass Zucker in Würfelform weitaus praktischer zu handhaben wäre und außerdem weniger Abfall verursachen würde.

Wenige Monate später brachte ihr Ehemann eine Kiste mit 350 weißen und rosaroten Zuckerwürfeln nach Hause. Zur industriellen Herstellung dieser entwickelte Rad eine Zuckerpressmaschine, von der bald sechs Stück in Betrieb waren, mit denen täglich 1.120 Kilogramm Würfelzucker hergestellt wurden. Das neue Produkt kam unter dem Namen *Theezucker* auf den Markt. Obwohl es anfangs nur zögerlich angenommen wurde, kauften bald auch Hersteller anderer Länder das Privileg zur Würfelzuckerherstellung.

Trotz der genialen Erfindung stand die Raffinerie in Dačice unter keinem guten Stern – und das von Anfang an nicht. Die erste Rübenzuckerfabrik war 1829 von Franz Grebner, dem Verwalter der

Der Würfelzucker ist aus keiner Teegesellschaft mehr wegzudenken.

Im Zuckerwürfelmuseum kann man selbst testen, wie schwer sich ein Zuckerhut zerkleinern lässt.

Herrschaft Dačice, im nahen Kostelní Vydří gegründet worden. Allein der Rübenanbau funktionierte in der näheren Umgebung nicht, weshalb der Fabrikstandort ein Stück weit verlegt werden musste. Mit Hilfe des Herrschaftsbesitzers Karl Anton von Dalberg errichtete Grebner in Dačice eine Zuckerraffinerie, deren Geschäftsführung Jacob Christoph Rad übergeben wurde. Der war erfindungsreich, erweiterte sogar die Zuckerproduktion um Bonbons, Lebkuchen, Schokolade und kandierte Früchte. Wie bedeutend seine Würfelzuckermaschine war, erkannte Rad nicht, trat sogar das Privileg dafür an Grebner ab. Als sich Mitte der 1840er Jahre die Wirtschaftslage der Raffinerie verschlechterte, verließ der Fabrikdirektor mit seiner Familie Dačice und ging nach Wien. Die Raffinerie blieb noch weitere sieben Jahre in Betrieb, ehe sie aufgrund der hohen Transportkosten, welche die herangeschafften Zuckerrüben verursachten, schließen musste.

Von den früheren Orten der Zuckerproduktion ist nichts mehr übrig. Dafür erinnert im Schloss Dačice ein Museum an das Ehepaar

Der Würfelzucker wurde bald nach seiner Erfindung zum Verkaufsschlager und ist seither auch als Werbemittel sehr beliebt.

Rad. Wer wissen will, wie schwierig es war, ein Stück vom steinharten Zuckerhut zu lösen, kann dies mit eigenen Händen ausprobieren. Die Gerätschaften dafür haben mehr Ähnlichkeit mit Tischlerwerkzeug als mit Küchenutensilien. Von Rads Pressmaschine ist ein Modell zu sehen.

Einen Stock tiefer lässt sich im altmodisch-schönen Café Dalberg, das nach den Schlossbesitzern aus der Zeit der Zuckerproduktion benannt ist, Tee oder Kaffee genießen – selbstverständlich mit Würfelzucker; auf der Verpackung sind die Porträts von Juliana und Jacob Christoph Rad abgebildet.

1983 wurde auf einem Platz schräg gegenüber dem Schlosseingang ein Monument in Form eines Zuckerwürfels aus Granit aufgestellt, das an das Jahr 1843 erinnert, in dem Juliana Rad ihren genialen Einfall hatte.

Info

Zuckerwürfelmuseum und Café Dalberg

Schloss Dačice, Havlíčkovo náměstí 85, 380 01 Dačice

• www.muzeumdacice.cz

31 Templerkeller, Čejkovice

Das Erbe der Templer

Wer dem Mythos der Tempelritter ein Stück weit auf die Spur kommen möchte, wird in Čejkovice fündig. Heute wird in der Tradition des Ritterordens Wein produziert.

Čejkovice hat eine lange Weinbautradition: In fast jeder Familie gibt es eine Winzerin oder einen Winzer. Und jedes Kind kennt den gigantischen Keller im Ortszentrum, der heute noch nach seinen geheimnisvollen Erbauern benannt ist: der Templerkeller.

Die *Arme Ritterschaft Christi und des salomonischen Tempels zu Jerusalem* wurde nach dem Ersten Kreuzzug im Jahr 1118 in Jerusalem von französischen Rittern gegründet. Sinn und Zweck war es, Pilgerinnen und Pilger im heiligen Land sicher ans Ziel zu bringen und die eroberten Gebiete zu schützen. In der Weltanschauung des Mittelalters verkörperte ein Tempelritter gleich zwei hohe Ideale in einer Person, indem er Mönch und Ritter war. Der Orden entwickelte sich zu einem mächtigen Heeresverband und in weiterer Folge, durch lukrative Kreditgeschäfte, zu einer florierenden Bank.

Die erste Spur der Templer in Čejkovice findet sich im Jahr 1248 in Form einer Schenkungsurkunde. Damals waren sie bereits im Ort ansässig und erhielten von einem Adeligen mehrere Güter in Rakovice zugesprochen. Die Niederlassung in Čejkovice war eine Landeskomturei und damit ein wichtiger strategischer Stützpunkt, der als Festung ausgebaut wurde. Sie thront immer noch mitten im Ort, wurde aber im 17. Jahrhundert in seiner noch erhaltenen Form zum Schloss umgebaut und ist heute ein Hotel.

Es heißt, die Templer wären es gewesen, die aus Frankreich den Wein mitgenommen und in der Gegend heimisch gemacht hätten. Ob sie nun die ersten in dieser Hinsicht waren oder nicht – fest steht, dass sie Weinbau betrieben haben. Dafür legten sie große Keller an und bemaßen diese der Legende nach so, dass ein Pferdefuhrwerk durchfahren konnte. Die Tempelritter verhalfen der Region zu Wohlstand, waren sie doch auf vielen Gebieten, von der Landwirtschaft

Die unterirdischen Templergänge sind stolze 800 Jahre alt.

bis zum Handel, aktiv und agierten besonders im Bankwesen höchst professionell.

Als im Jahr 1307 alle Templer in Frankreich auf Betreiben von König Philipp IV. verhaftet wurden und die Zerschlagung des Ordens begann, war die Niederlassung in Čejkovice noch nicht betroffen. Die Tempelritter gingen weiterhin nachweislich ihren Geschäften nach. 1312 hob der Papst jedoch alle Templerbesitzungen in Europa auf. Zu diesem Zeitpunkt endete auch ihre Ära in Čejkovice und ihre Besitzungen gingen in andere Hände: zunächst in jene des böhmischen Adels, dann in jene der Jesuiten und schließlich in jene der Habsburger. Das Kellerlabyrinth blieb über die Jahrhunderte hinweg erhalten. Unweit davon verbrachte Thomas Garrigue Masaryk Mitte des 19. Jahrhunderts seine Kindheit. Er sollte der erste Präsident der Tschechoslowakischen Republik werden.

In den 1930er Jahren gründeten ansässige Weinbauern die erste Genossenschaft, die allerdings 1952 verstaatlicht und enteignet wurde. Nach der Wende entstand eine neue Winzergenossenschaft. Sie trägt als Referenz auf das historische Erbe der Templer den Namen *Templářské sklepy (Templerkeller)*. In den 800 Jahre alten Kellergängen, die mit einer Führung besucht werden können, lagert das breite Spektrum der Genossenschaftsweine, ein Teil davon stammt sogar aus biologischem Anbau. Die Flaschen zieren aufwendig gestaltete Etiketten mit Siegeln und Templersymbolen, auf denen die Geschichten des Kellers und seiner Weine erzählt werden.

Info

Templářské sklepy

Na Bařině 945, 696 15 Čejkovice

• www.templarske-sklepy.cz

Masaryk-Wohnhaus (Domek T. G. Masaryka)

beim Sportplatz, Na Bařině, 696 15 Čejkovice

Wo die grüne Fee wohnt

Die Familie Hill schrieb das Drehbuch für die Fortsetzung der hochprozentigen Kulturgeschichte des Absinth in Europa.

In den 1990er Jahren feierte eine lange vergessene Spirituose ein episches Comeback in Europa: der Absinth. Seither ist dieser in vielen Prager Bars anzutreffen und wird gerne mit der Hauptstadt Tschechiens in Verbindung gebracht. Doch die Wiege der modernen Absinth-Produktion befindet sich in der ruhigen Mlýnská-Straße in Jindřichův Hradec.

Absinth hat eine lange und verruchte Tradition. Ein französischer Arzt mit dem klingenden Namen Pierre Ordinaire erfand im 18. Jahrhundert seinen Vorgänger, ein alkoholisches Kräuterelixier, und nutzte es als Medizin. 100 Jahre später verabreichten es französische Militärärzte in Algerien zur Bekämpfung von Krankheiten. Die Soldaten allerdings sahen darin ein Genussmittel und brachten es zurück nach Paris. Von dort ausgehend erlebte die »grüne Fee« einen Siegeszug, wurde von namhaften Künstlern und Intellektuellen wie Henri Toulouse Lautrec oder Vincent van Gogh geschätzt und fand sogar in vielen Kunstwerken und Büchern ihren Niederschlag. Was die Befürworter leidenschaftlich in der »grünen Stunde« zelebrierten, bekämpften die Gegner umso härter in der Öffentlichkeit. Die Wermutspirituose stand im Verruf Halluzinationen auszulösen – aber auch abhängig, blind und auf lange Sicht wahnsinnig zu machen, ganz abgesehen von den sozialen Folgen des Alkoholismus. Ein tragischer Mordfall in der Schweiz, bei dem Absinth im Spiel war, brachte das Fass zum Überlaufen und wurde zum Auslöser für ein Absinth-Verbot, das nach und nach in ganz Europa auf die politische Agenda kam – die Weinlobby war daran nicht unbeteiligt. Als Begründung für das Verbot wurde eine zu hohe Konzentration des Inhaltsstoffes Thujon angeführt, das aus der Wermutpflanze stammt. Eben dieses Nervengift soll auch verantwortlich für die psychoaktive Wirkung gewesen sein.

Der Anblick der grünen Fee ist verführerisch schön. Doch Vorsicht: Der enorm hohe Alkoholgehalt von Absinth trübt rasch die Sinne.

In den meisten Ländern verboten, geriet Absinth in Vergessenheit, bis er in den 1990er Jahren ein bis heute anhaltendes Revival erlebte. Demnach trank der britische Rockmusiker John Moore in einer Prager Bar ein Glas von Hill's Absinth und war von der Spirituose mit 70 Prozent Alkoholgehalt im wahrsten Sinne des Wortes berauscht – und so begeistert, dass er eine Firma gründete, die der grünen Fee den Weg nach Großbritannien ebnete, wo Absinth, wie auch in Tschechien, nie verboten worden war.

Absinth-Hersteller Radomil Hill wurde auf einem der Spirituosenfässer verewigt.

Hill ist in punkto Spirituosen in der Tschechischen Republik ein klingender Name. Im Jahr 1920 gründete Albín Hill in Brušperk bei Ostrava eine Brennerei. Als diese unter kommunistischer Führung verstaatlicht wurde, ging die Familie nach Jindřichův Hradec, wo Sohn Radomil beim Saft- und Spirituosenhersteller Fruta zu arbeiten begann – in der ehemaligen Firma Schulz, die nach der Wende wieder an die Familienerben zurückfiel. Hill erfand den Vorgänger des rumartigen *Tuzemák*, einen tschechischen Klassiker, der heute von Fruko-Schulz produziert wird.

»Likör trinkt man nicht, man schmeckt ihn«, lautete der Leitspruch des Spirituosenpioniers, der nach der Wende mit 66 Jahren noch einmal anfing und sein eigenes Unternehmen gründete. Nach seinem Tod wurde es von seiner Tochter und jüngst von seinem Enkel Tomas Hill übernommen.

Aber zurück zum Absinth: Nachdem in den Londoner Bars der tschechische Absinth flaschenweise über den Tresen ging, dauerte es nicht lange, bis die Medien auf den Trend aufmerksam wurden und die einstige Sprituose der Bohemiens in der Popkultur reüssierte. Etwa im Jack-the-Ripper-Film *From Hell*, wo Johnny Depp in den nebligen Gassen Londons als Ermittler unterwegs ist und ein Glas Absinth kippt. Allmählich wurde Absinth wieder salonfähig. Mit der

Auflage, dass der Thujongehalt bei unbedenklichen 10 Milligramm pro Liter liegen muss, wurde Absinth in vielen Ländern Europas wieder legalisiert.

Die gemütliche Manufaktur der Firma Hill in der Mlýnská-Straße, an der die Nežárka friedlich vorbeiplätschert, befindet sich abseits von Hype und Getöse des Kultgetränks. Die Produktionsräumlichkeiten sind nicht allzu groß. Alles wird selbst gemacht, vom Pressen des Obstes über das Destillieren bis zur Flaschenabfüllung und Etikettierung. Hill's Absinth ist das berühmteste, bei weitem aber nicht das einzige Produkt. Hinter dem Tresen stehen eine ganze Reihe von Likören und Spirituosen. Vieles davon beruht auf den unübertroffenen Rezepten von Tomas Hills Großvater und seines Urgroßvaters.

In Tschechien schreibt man Absinth nicht nur ohne die französische Endung »-e«, er enthält auch keinen Anis, der eigentlich die grüne Färbung verursacht. Daher wird er bei Zugabe von Wasser auch nicht trüb. Tomas Hill stellt neben der grün gefärbten Variante auch einen farbneutralen Absinth her. Eine Entwarnung zum Schluss: Das Image der grünen Fee war immer viel gefährlicher als ihr Inhalt. Erst jüngst wurde bei einer Untersuchung alter Absinth-Bestände wissenschaftlich nachgewiesen, dass die Konzentration des immer als problematisch erachteten Nervengifts Thujon nie so hoch war, um eine psychoaktive Wirkung zu erzielen. Vielmehr ist es der hohe Alkoholgehalt, der seit jeher seine Genießerinnen und Genießer übermütig werden lässt.

Info

Hill's Absinth

Mlýnská 121, 377 01 Jindřichův Hradec
• www.hillsabsinth.cz

Tipp

Schloss Jindřichův Hradec

Prunk und Pracht aus vielen Jahrhunderten: Grundsteine aus dem 13. Jahrhundert, wiederentdeckte Wandmalereien aus dem Jahr 1338, ein Renaissance-Rondell mit prunkvollem Gewölbe und üppigen Golddekorationen, ein reichlich verzierter Barockbrunnen, große Arkaden im Innenhof – das alles und noch mehr findet sich im drittgrößten Burg- und Schlosskomplex der Tschechischen Republik. Die Gemäldegalerie ist besonders sehenswert, findet sich hier doch die wertvolle spätmittelalterliche Madonna von Jindřichův Hradec.

Süßer Geschichtsunterricht

Wachsfigurenkabinett war gestern. In Třeboň begegnet man historischen Persönlichkeiten in Marzipangestalt.

Wahrscheinlich hat Geschichtsunterricht nirgendwo eine süßere Note als im Marzipanmuseum Třeboň. Ein kleiner Teil des Museums ist dem Siegeszug der Mandel-und-Zucker-Süßspeise am Gaumen der Menschheit gewidmet, der vor fast 3.000 Jahren im Orient begann. Über Handelsschiffe und Märkte gelangte der Marzipan in die Münder von Philosophen und Königinnen und wurde in Europa und auf der ganzen Welt populär.

Der größere Teil des Museums widmet sich der Geschichte von Třeboň. Zu erzählen gibt es viel über die kleine schmucke Stadt, die Ende des 12. Jahrhunderts gegründet wurde, vierhundert Jahre später mit Teichwirtschaft und Karpfenzucht zu wirtschaftlicher Blüte gelangte, Kriege und verheerende Brände überlebte und schließlich zum Kurbad wurde. Wie sich all das zutrug, ist in liebevoll gestalteten Dioramen zu sehen, in denen jedes Kleid und jede Schaufel aus Marzipan ist.

So kehren die Persönlichkeiten, welche die Třeboňer Geschichte prägten, in picksüßer Form wieder: etwa Štěpánek Netolický, der geniale Ingenieur, der das Třeboňer Teichsystem und den Goldenen Kanal baute, oder Petr Vok, der letzte Rosenberger, der sich der Wissenschaft und auch der Alchemie widmete und nebenbei nicht ganz unschuldig am prachtvollen Erscheinungsbild des Třeboňer Schlosses ist.

Aber Achtung, zwischen die historischen Fakten mischen sich auch Märchen und Legenden, warnt Museumsmanager Jan Václavovský. Etwa jene des Teichbaumeisters Jakub Krčín von Jelčany, der im Dienste Viléms von Rožmberk stand und als Nachfolger von Netolický die großen Teiche Nevděk (heute Svět) und Rožmberk errichtete. Dem strengen und ehrgeizigen Baumeister sagte man nach, er habe einen Pakt mit dem Teufel eingegangen, um

Třeboň aus Marzipan: Die Teichwirtschaft ist ein wichtiger Wirtschaftszweig für die Region.

seine Ziele zu erreichen. In seiner Marzipanversion sitzt er wahrlich teuflisch auf einer Kutsche, die von zwei schwarzen Katern gezogen wird. Zu den ungewöhnlichsten Marzipandioramen gehört jenes der Schwarzenberger Gruft, die im Original im Park am Teich Svět steht. Aber auch das Marktleben und höchst aktuelle Szenen aus dem Kurbad gibt es zu sehen.

Dass es in Třeboň ausgerechnet ein Marzipanmuseum gibt, ist Lenka Želivská zu verdanken, die eine besondere Vorliebe für die Teichhauptstadt Tschechiens und ihre Geschichte hat. In den Marzipanskulpturen stecken hunderte Stunden Arbeit, die von Spezialistinnen und ansässigen Neo-Konditoren verrichtet wurde.

Wer so viel süße Geschichte betrachtet, könnte Lust darauf bekommen, die Exponate zu verspeisen. Glücklicherweise befinden sie sich hinter Glas. Im Museumscafé allerdings kann die Begierde bedenkenlos gestillt werden. Dort warten grüne Marzipankarpfen, Rumkugeln und allerhand andere Köstlichkeiten.

Info

Marzipanmuseum mit Café und Konditorei

Masarykovo náměstí 103, 379 01 Třeboň

• www.trebonvmarcipanu.cz

Das tschechische Original

Budweis und sein berühmtestes Bier haben eine mehr als 100-jährige Tradition. Die Brauerei gewährt tiefe Einblicke in die Philosophie des Bierbrauens.

Budweiser ist das vielleicht bekannteste tschechische Bier der Welt. Verkauft wird es in mehr als 70 Ländern, gebraut wird es in mehreren klassischen Sorten, darunter helles und dunkles Lagerbier, ausschließlich am Rand des Stadtzentrums von Budweis. Trotz dieser beachtlichen Zahlen – die Exporte steigen laufend – versprüht die Brauerei noch immer den spröden Charme des 20. Jahrhunderts und vermittelt das Gefühl, das Bierbrauen sei eben ein Handwerk. Gegründet wurde sie im Jahr 1895 als Aktienbrauerei. Damals stand sie in direkter Konkurrenz zum 100 Jahre zuvor von deutschsprachigen Einwohnern gegründeten Bürgerlichen Brauhaus Budweis.

In Nordamerika begann Budweiser ebenfalls im 19. Jahrhundert als Biermarke – unabhängig von der tschechischen Brautradition – ein Eigenleben zu führen, was sich seit mehr als 100 Jahren in einem geradezu episch geführten Bierstreit niederschlägt. Besucherinnen und Besucher werden schon im Empfangsbereich der Budweiser Brauerei auf den feinen Unterschied zwischen dem amerikanischen »King of Beers« und dem tschechischen »Bier der Könige« aufmerksam gemacht, um jede Verwechslung zu vermeiden. Die Budweiser Brauerei und das Unternehmen Anheuser-Busch dürfen, je nach Territorium, die Markennamen *Budweiser* nutzen oder nicht. Zwar wird in den USA mittlerweile auch Bier aus der tschechischen Brauerei verkauft, doch heißt es dort *Czechvar*.

Die Budweiser Brauerei befindet sich – noch – im Besitz des tschechischen Staates. Angesichts der Entwicklung, dass immer mehr große Bierkonzerne bekannte Marken aufkaufen und Monopole bilden, ist das eine Besonderheit.

In punkto Ingredienzien ist man in Budweis stolz. Das Wasser, dem ein nicht unwesentlicher Anteil am Geschmack nachgesagt wird, stammt aus einem artesischen Brunnen, was soviel bedeutet wie: aus einem unterirdischen See, der 10.000 Jahre alt ist und sich in 300 Metern Tiefe direkt unter der Brauerei befindet. Der Hopfen stammt aus der nordwestböhmischen Stadt Žatec, dem bekanntesten Hopfenanbaugebiet des Landes, die Gerste aus Mähren. Im Vergleich zum Konkurrenzbier aus Pilsen, das über eine nicht minder lange Brautradition verfügt, schmeckt das Budweiser milder, weil weniger Hopfen verwendet und nur einmal gemaischt wird. Je nach Präferenz haben diese unterschiedlichen Geschmacksrichtungen auch ihre jeweils leidenschaftlichen Anhängerinnen und Anhänger. Der Markt ist auf jeden Fall groß genug. Mit einem Pro-Kopf-Verbrauch von rund 138 Litern Bier pro Jahr führt Tschechien die Bier-Rangliste in Europa an. Man befindet sich aber in guter Gesellschaft, Österreich und Deutschland liegen nur knapp dahinter.

Mit moderner Fassade lockt das Besucherzentrum der Traditionsbrauerei.

Der Rundgang durch die Brauerei führt durch alle Stationen der Bierproduktion. Ist erst einmal der artesische Brunnen passiert, kommt man an einem ständig wachsenden Lager mit unzähligen Stapeln der charakteristisch roten Bierkisten vorbei und schließlich in das Sudhaus mit seinen würzig duftenden Kesseln. Tief im Lagerkeller darf ein ungefiltertes Budweiser verkostet werden. Zuletzt besucht man die Abfüllung, in der unter lautem Scheppern und Klimpern jede Stunde 40.000 Flaschen Budweiser abgefüllt werden. Die größten Fans können sich am Ende mit einer überlebensgroßen Budweiser-Flasche ablichten lassen.

Info

Budweiser Brauerei

Karolíny Světlé 512/4, 370 04 České Budějovice
• www.budejovickybudvar.cz

Natur in Menschenhand

Jindřichův Hradec

Třeboň

Budweis

Slavon

Český Krumlov

36

Wussten Sie, dass … ?

… das Großmährische Reich nur 80 Jahre währte?

… der Wasserfall im idyllischen Theresienthal künstlich angelegt wurde?

… das Areal von Lednice-Valtice über einen Diana-Tempel und ein Minarett verfügt?

… Leo Tolstoi in seinem Roman *Krieg und Frieden* die Schlacht von Austerlitz schildert?

Spuren in der Au

In einer malerischen Auenlandschaft liegen einige der letzten Überreste des Großmährischen Reiches, dessen Spuren fast zur Gänze verschwunden sind.

Im matten Sonnenlicht wirkt die Auenlandschaft an der March wie weichgezeichnet. Zwischen Wiesen und Baumreihen, direkt am Flusslauf und unmittelbar an der Grenze zur Slowakei verbirgt sich ein alter Ort. Hier befand sich einst ein Zentrum des Großmährischen Reiches. Die Landschaft allerdings sah anders aus und bestand aus vielen Flussinseln in der March, die durch Brücken miteinander verbunden waren und über die sich die Burg, die Siedlungen und die Kirchen ausbreiteten. Vom Aussichtsturm im Besucherzentrum lässt sich das gesamte Geschehen überblicken.

Großmähren existierte gerade einmal 80 Jahre, vom 9. bis Anfang des 10. Jahrhunderts. Sein Einfluss allerdings ist nicht zu unterschätzen, handelte es sich doch um das erste staatsartige Gebilde der Westslawen in Mitteleuropa. Der erste Herrscher hieß Mojmír. Sein Nachfolger Rastislav hatte mit dem Fränkischen Reich zu kämpfen und entschied sich für ein Bündnis mit Byzanz. Der Fürst hatte genug Weitblick, um zu erkennen, dass er eine eigene mährische Kirchenorganisation aufbauen musste. Papst Nikolaus I. verweigerte ihm jedoch sprachkundige Priester, denn das hätte der Missionierung von Bayern aus widersprochen. Also bat Rastislav den byzantinischen Kaiser Michael III. darum, der im Jahr 863 die Brüder, Missionare und Lehrer Kyrill und Method aus Thessaloniki entsandte. Die beiden sind in der Tschechischen Republik oft als Doppelstandbild zu finden, auch auf einem idyllischen Fleckchen am Rande der archäologischen Ausgrabungen von Mikulčice.

Kyrill schuf das sogenannte glagolitische Alphabet, das aus 40 Buchstaben bestand, weil das griechische für die slawischen Sprachen nicht ausreichend war. So übersetzten die beiden auch liturgische Texte und schrieben sie im neuen, slawischen Alphabet nieder,

Die Grundmauern der großmährischen Burganlage wurden wieder aufgebaut.

weswegen sie sich schließlich in Rom wegen Häresie rechtfertigen mussten. Die Glagolitza war die erste slawische Schrift und entwickelte sich später in Bulgarien weiter zur, nach dem Schriftpionier benannten, kyrillischen Schrift, die heute in den slawischen Sprachen verwendet wird.

Unter Rastislav erreichte Großmähren einen Höhepunkt und ging bald danach unter, als die Ungarn über die Mährische Pforte einfielen. Das Tal im Osten von Mähren war schon immer ein Nadelöhr der Geschichte gewesen, durch das die ältesten Handelswege, wie auch die Bernsteinstraße, verliefen.

Über die March waren mehrere Zentren des großmährischen Reiches miteinander verbunden. Von den Mojmíriden und ihren Traditionen ist nicht viel überliefert. Als Professor Josef Poulík im Jahr 1954 bei Grabungen in Mikulčice-Valy die Überreste einer Kirche genauer untersuchte und dabei auf eine großmährische Nekropole stieß, hatte er einen Archäologen-Jackpot in der Tasche. Poulík sollte in unmittelbarer Nähe noch neun weitere Kirchen und einen ganzen Burgwall finden, in dessen Umgebung im 9. Jahrhundert 2.500 Menschen lebten. Um die Festung herum waren kleine Gehöfte angesiedelt, in der Vorburg wohnten die Soldaten und im Zentrum der Hauptburg, der Akropolis, befanden sich der Fürstenpalast, Kirchen und die Werkstätten von Handwerkern wie Schmieden, Juwelieren und Metallgießern. Die 250.000 gefundenen Gegenstände, darunter Schmuck, Waffen und sogar Boote, öffnen ein Kapitel der Geschichte, das fast spurlos verschwunden war.

Info

Slawischer Burgwall

Mikulčice 535, 696 19 Mikulčice

Zurück zur Natur

Maria Theresia von Buquoy verwirklichte ihre Vision des idealen Parks mit dem Theresienthal. Eine Landschaft, die zur Zeitreise einlädt.

Ein sommerlicher Tag im August 1794. Maria Theresia von Buquoy hat Besuch von der Fürstin Paulina von Schwarzenberg. Mit Fächern in den Händen flanieren die beiden Damen am Wenzelsbad und an den üppigen Blumenbeeten vorbei. Was für eine vom Menschen erschaffene Naturschönheit! Besonders entzückt ist die Fürstin vom Blauen Haus, dem klassizistischen Schlösschen, das Maria Theresia als Sommerresidenz dient, direkt am Wasser erbaut und ganz von französischer Eleganz erfüllt. So könnte es sich abgespielt haben an jenem Sommertag, auf den nur wenige Tage später eine unheilvolle Überschwemmung folgte. Maria Theresia von Buquoy ließ sich davon nicht entmutigen und setzte weiter ihre Pläne um. Anfang des 19. Jahrhunderts kam sogar der Kaiser zwei Mal auf Besuch und genoss das Ambiente.

Mit dem Landschaftspark, der eine stattliche Fläche von 138,8 Hektar hat, verwirklichte Maria Theresia von Buquoy ihre Vision einer naturnahen Landschaft. Die Familie, in die sie eingeheiratet hatte, konnte auf eine ruhmreiche Geschichte zurückblicken. An ihre umfangreichen südböhmischen Besitzungen, darunter auch die Herrschaft Nové Hrady, waren die Buquoy 1620 gekommen. Im 18. Jahrhundert waren sie beseelt vom Geist der Aufklärung. Maria Theresias fortschrittlicher Ehemann Johann Nepomuk machte sich mit wirtschaftlichen Unternehmungen, wie der Gründung von Glashütten, und sozialem Engagement verdient. Er schenkte ihr das liebliche Tal am Fluss Stropnice. Wenig später begann Maria Theresia mit dem Ausbau des nach ihr benannten *Theresienthals*. Nicht mehr barocke Opulenz, sondern »Zurück zur Natur« hieß der damalige Trend. Maria Theresia beauftragte zunächst den kaiserlichen Architekten Isidor Ganneval und den obersten gräflichen Gärtner Ignaz Foika. Sie reiste nach Deutschland, besuchte die englischen Gärten

Der künstlich angelegte Wasserfall im Theresienthal versprüht Romantik pur.

in Dessau, Wörlitz und Leipzig und schickte ihren Gärtner ebenfalls auf Reisen. Der Park befand sich in ständiger Metamorphose, neue Gebäude kamen hinzu, Pflanzensamen wurden allerorts angeschafft und eine Landschaftsarchitektur angelegt.

Mehr als 200 Jahre später hat das Theresienthal nichts von seiner Anmut eingebüßt. Vom Tor des Haupteingangs folgt man dem Weg über die ehemalige Hammermühle, heute eine Pension, zum Kurbad, das als künstliche Grotte angelegt wurde. Von dort konnte man zu Maria Theresias Zeiten das prächtige Blaue Haus sehen. Es ist nur mehr eine Ruine, seit zwei sintflutartige Überschwemmungen Anfang des 20. Jahrhunderts es zerstört haben.

Im Sommer kann es mitunter sehr heiß werden. Am Wasserfall, den Maria Theresia von Buquoy künstlich anlegen ließ, tummeln sich die nach Abkühlung Suchenden. Auf der Brücke flussabwärts benetzt der feine Nieselregen, den die Kaskade weithin verteilt, das Gesicht. An dieser Stelle inhaliert man den Geist der Romantik, der damals langsam heraufzog. Anfang des 19. Jahrhunderts hievten Arbeiter große Felsbrocken heran, um die Stropnice in einen Gebirgsbach zu verwandeln. Eine Fischerhütte stand in der Nähe. Fehlt nur noch Joseph von Eichendorffs *Vom Leben eines Taugenichts* als Lektüre, und man versinkt ganz in der alten Welt!

Info

Theresienthal (Terčino údolí)

Haupteingang und Parkplatz an der Straße 154 in Richtung Kaplice, 374 01 Nové Hrady

Tipp

Die Burg Nové Hrady

Die am Rande des Stadtzentrums situierte Burg hat einen beachtlichen Burggraben – angeblich sogar den größten Böhmens.

Kulturmix der Superlative

Freilichtmuseum, Landschaftspark, Stilmix der Kunstgeschichte. Weltweit gibt es kein Vergleichsbeispiel für das in seinen Ausmaßen monumentale Kulturareal, das unter der Adelsfamilie von Liechtenstein zwischen Valtice, Lednice und Břeclav entstand.

Es ist kein Wunder, wenn man zunächst überfordert ist. Wo am besten starten? Im Schlosspark von Lednice! Vorbei am Schloss und am gusseisernen Gewächshaus, hinab zum maurischen Wasserwerk und über die Brücke zur Anlegestelle. Eines der Boote steht immer bereit. Das Einsteigen geht rasch. Im Schatten der hohen Bäume gleitet es sanft den Kanal entlang. Während der gemächlichen Fahrt dschunkt gelegentlich ein anderes Boot der kleinen Flotte vorüber. Eine Route führt zur Hansenburg, die andere zum Minarett. Der Legende nach wollte Fürst Alois I. Josef von Liechtenstein eine Kirche an dieser Stelle erbauen. Weil die Bevölkerung sich dagegen stemmte, soll er sich der Provokation halber für eine »heidnische Moschee« entschieden haben, aus der dann ein Minarett wurde. Die Planung dafür – sie war ob des sumpfigen Untergrunds nicht einfach – übernahm der fürstliche Architekt Joseph Hardtmuth, der Welt besser bekannt als Erfinder des modernen Bleistifts. Die Geschichte mit der Provokation dürfte wohl nicht ganz der Wahrheit ensprechen, war es doch in der Romantik en vogue, Landschaftsparks mit orientalisch und exotisch wirkenden Gebäuden zu bestücken. Damit nicht genug, waren auch künstliche Ruinen und Rückgriffe auf die Antike im Trend. In diesem Sinne wurde Anfang des 19. Jahrhunderts der Liechtenstein'sche Park romantisiert mit einem ganzen Ensemble von Gebäuden, zu dem auch das maurische Wasserwerk, der ägyptische Obelisk, der chinesische Pavillon, die von Hardtmuth als Ruine konzipierte Hansenburg, eine künstliche Grotte und das römische Aquädukt zählen.

Das Schloss in Lednice wurde im Stil der Neugotik umgebaut. Die Innenräume können besichtigt werden, sie sind gleichermaßen imposant.

302 Stufen darf man im Minarett hochstapfen. Mit 60 Metern war es einmal das höchste außerhalb der nichtislamischen Welt. An klaren Tagen soll man bis zum Wiener Stephansdom gesehen haben – auch eine Legende. Egal ob von oben oder von unten, der Wow-Effekt tritt umgehend ein, wenn man über die Fläche des Sees schaut: Umrahmt von Bäumen, Wiesen, Wasser und Himmel steht auf der anderen Seite des Parks das ehrwürdige Schloss Lednice. Sichtachsen wie diese sind es, die einem das Können der damaligen Landschaftsplaner vor Augen führen. Nicht nur zu Wasser, sondern auch am Land lässt sich der Park, dessen Geschichte bis ins 17. Jahrhundert zurückgeht, erkunden. Ursprünglich floss die Thaya mitten hindurch, wurde aber Anfang des 19. Jahrhunderts wegen der vielen Überschwemmungen, die sie verursachte, verlegt – wodurch die Teichlandschaft mit ihren vielen Inseln entstand. Es ist keine Schande, nicht jeden Baum bestimmen zu können, befinden sich doch 130 Nadelholz- und 356 Laubholzarten im Park.

Die »drei Grazien« aus der griechischen Mythologie: Athene, Aphrodite und Artemis.

An Schloss Lednice selbst haben zahlreiche namhafte Baumeister Hand angelegt. Es machte einen regelrechten Zirkelschluss der Baustile. Zunächst wurde es als gotische Wasserfestung im 13. Jahrhundert errichtet, wandelte sich im 16. Jahrhundert zum Renaissance-Schloss, wurde wenig später im Barockstil neu gebaut, im 18. Jahrhundert und Anfang des 19. Jahrhunderts erweitert und im Empire-Stil vereinheitlicht und wenig später zu einem Prachtschloss im Stil der englischen Tudor-Gotik vom Wiener Architekten Georg Wingelmüller umgebaut.

Schloss und Parkanlage in Lednice sind Teil eines noch viel größeren Ensembles, das sich über eine Fläche von 300 Quadratkilometern bis Valtice und Břeclav ausdehnt und eine ganze Reihe monumentaler Baudenkmäler und Parklandschaften mit einschließt.

Untrennbar verbunden ist dieses, im Wesentlichen über 300 Jahre entstandene Kulturareal, mit der Adelsfamilie Liechtenstein. Heinrich I. war der erste aus der bis heute ungebrochenen Ahnenfolge, welche mittlerweile ihren Familiensitz im Fürstentum Liechtenstein hat. Er erhielt im Jahr 1249 vom mährischen Markgrafen und späteren böhmischen König Přemysl Otakar II. Dorf und Herrschaft Mikulov für seine Loyalität zugesprochen. Zunächst konnten die Liechtensteiner ihre Besitzungen um ein Vielfaches vermehren. Mikulov und viele andere Herrschaften gingen allerdings unter Christoph IV., seinem maßlosen Naturell entsprechend »der Verschwender« genannt, verloren. Daraufhin übernahm die in Valtice ansässige Familienlinie das Ruder, denen auch das benachbarte Lednice gehörte.

Ab jetzt liefen die Geschicke wieder besser. Die Adelsfamilie wandte sich im 16. Jahrhundert dem Protestantismus zu, Karl I. wechselte aber rechtzeitig wieder zum katholischen Glauben und gewann damit das kaiserliche Vertrauen. Während des legendären Bruderzwists im Hause Habsburg zwischen Kaiser Rudolf II. und seinem Bruder Matthias wählte er die Seite des Erzherzogs und setzte damit auf den richtigen, was ihm den Fürstentitel und den Orden des Goldenen Vlieses einbrachte. Damit untermauerte er seinen kometenhaften politischen und ökonomischen Aufstieg. Er durfte, legitimiert durch den Kaiser, die Landgüter von »Rebellen« enteignen, und erzielte durch die Beteiligung an einer Finanzaktion, die zu einer enormen Währungsabwertung und damit verbundenen Hungersnöten führte, große Gewinne. Zwar begründete er damit den Jahrhunderte überdauernden Einfluss seines Hauses, hinterließ seinem Sohn Karl Eusebius aber auch das eine oder andere Problem. Der sah sich konfrontiert mit den Anschuldigungen, sein Vater hätte sich auf Staatskosten bereichert, und wurde zur Rückzahlung eines hohen Betrages verurteilt. Karl Eusebius hatte zudem mit den Folgen des Dreißigjährigen Krieges zu kämpfen, der Dörfer in seinen Herrschaften verödet und traumatisiert hinterlassen hatte. Er zog sich aus dem politischen Leben zurück und widmete sich der Neustrukturierung des Familienbesitzes.

Vom kunstsinnigen Karl Eusebius soll der Ausspruch stammen, dass das Geld nur dazu da sei, um schöne Monumente zu ewigem und unsterblichem Gedächtnis zu hinterlassen. Der Pferdenarr und Architekturliebhaber schuf mit seinem Wirken den Grundstock für das gigantische Kulturareal und die Jahrhunderte überdauernden Kunstsammlungen. Schloss Valtice ließ er zur fürstlichen Residenz ausbauen. Die ursprünglich mächtige Grenzfestung hatte ausgedient und wich dem Schlosspark, dafür entstand daneben ein monumentaler barocker Komplex, an dem Giovanni Giacomo Tencalla und auch Bernhard Fischer von Erlach maßgeblich beteiligt waren. Gekrönt wurde das Ganze mit einem Schlosstheater, dessen Qualität sogar am Hof für Furore gesorgt haben soll.

Wer die Stufen zum heutigen Eingang des Schlosses hochsteigt, begegnet Figuren aus der griechischen Mythologie. Über dem Portal an der Stirnwand ist das Wappen der Adelsfamilie Liechtenstein zu finden, in dem unter der fürstlichen Krone die vereinten Herrschaften symbolisch dargestellt sind, umrahmt vom Ordensabzeichen des Goldenen Vlieses – einer Kette, die ein goldenes Widderfell trägt. Im Keller ist heute der Salon des tschechischen Weins untergebracht. In den alten Gewölben kann man sich durch die prämierten Tropfen aus den vorwiegend südmährischen Weinbaugebieten kosten.

Der Park von Valtice hatte ursprünglich die französischen Gärten zur Zeit von Louis XIV. zum Vorbild, ehe er im 19. Jahrhundert in einen englischen Landschaftsgarten umgestaltet wurde. Karl Eusebius ließ gleichzeitig mit den Arbeiten im Stammhaus Valtice auch die Sommerresidenz in Lednice barockisieren. Sein Sohn Johann Adam Andreas, der auch die Territorien erwarb, die das heutige Fürstentum Liechtenstein darstellen, beauftragte den damals noch jungen Barockbaumeister Johann Bernhard Fischer von Erlach mit dem Bau des freistehenden monumentalen Reitstalls.

Verbindendes Element des gesamten Areals sind die unter den Fürsten Alois I. und Johann I. Josef entstandenen zahlreichen Baudenkmäler. Die Schlösschen, Salettl und Tempel auf Hügeln, an Teichen und in Wäldchen dienten den Adeligen als Attraktionen und entführen heute in andere Welten. Grundlage für diese Gestaltung war die sich verändernde Weltanschauung im 18. Jahrhundert. Mit der Aufklärung gewann die Naturwissenschaft an Interesse. Man interessierte sich für Archäologie und ließ sich von antiken Stätten beeinflussen. All diese gesellschaftlichen Entwicklungen, die eine Menge neuer Einflüsse und eine große Neugier mit sich brachten, fanden im Areal von Valtice und Lednice ihren Niederschlag. Dies erklärt Bauwerke wie den von Josef Kornhäusel ausgeführten Apollon-Tempel über dem Mühlteich (Mlýnský rybník). Geht die Sonne unter, fallen

Ein Bild zum Träumen: die große Wiese vor Schloss Pohansko.

die letzten Strahlen auf das Relief mit Apollos Sonnenwagen. Das nahe Teichschlösschen hat die Anmutung einer klassizistischen Villa.

Von der Bezruč-Allee aus, die Valtice und Lednice verbindet, sind noch weitere Gebäude in der weitläufigen Lednicer Teichlandschaft erreichbar. Zauberhaft skurril sind die »drei Grazien« am Mühlteich. Die steinernen Damen sind umgeben von einem tempelartigen Säulen-Bauwerk und Statuen, die allegorisch die Wissenschaften und Künste darstellen. Gleich daneben befindet sich Nový Dvůr, ein Wirtschaftsgebäude, das Joseph Hardtmuth im Empire-Stil anlegte. Am westlichen Ende des Teiches von Hlohovec (Hlohovecký rybník) steht das Grenzschlösschen exakt an der Linie, die Mähren und Böhmen teilt.

Nahe Valtice befinden sich das Belvedere, die neugotische Hubertus-Kapelle und der Diana-Tempel, der eigentlich wie der Pariser Triumphbogen aussieht und – mitten im Wald – als »Rendezvous«-Treffpunkt gilt. Von der Gloriette in Schönbrunn ließ sich Joseph Hardtmuth bei der Planung der großen Kolonnade mit 24 korinthischen Säulen inspirieren. Einsam in der Landschaft, flankiert von Weingärten auf dem Reistna-Hügel südlich von Valtice, lässt sich von ihrem Dach die gesamte Landschaft überblicken.

Bei Břeclav befindet sich neben einer Reihe weiterer Bauten der Kulturlandschaft das Jagdschlösschen Pohansko. Mystisch steht es am Ende einer überdimensionalen Wiese, die man durchschreiten kann. Es unterstreicht noch einmal die Einzigartigkeit des Areals, das seit 1996 UNESCO-Weltkulturerbe ist und auch als »Garten Europas« bezeichnet wird.

Info

Schloss Valtice, Zámek 1, 691 42 Valtice
Schloss Lednice, Zámek 1, 691 44 Lednice
Schloss Pohansko, Pohansko 1056, 690 02 Břeclav

Krieg und Frieden

In der Schlacht von Austerlitz errang Napoleon seinen wohl ruhmreichsten Sieg, der zu einer Neuordnung Europas führte. Das Schlachtfeld ist heute eine Gedenklandschaft.

Am 2. Dezember 1805, einem kalten und regnerischen Tag, nahm das Schicksal Europas nahe der kleinen Stadt Slavkov, besser bekannt als Austerlitz, eine Wendung. »Es war neun Uhr morgens. Wie ein dichtes Meer breitete sich der Nebel in den Tälern aus, aber oben auf der Höhe unweit des Dorfes Schlapanitz, wo Napoleon mit seinen Marschällen stand, war es ganz hell. Über ihm wölbte sich ein klarer blauer Himmel, und der riesige Sonnenball schaukelte wie ein gewaltiger, hohler, purpurner Schwimmkork auf dem milchweißen Nebelmeer.« So beschreibt der russische Schriftsteller Leo Tolstoi in seinem großen Roman *Krieg und Frieden* die Ruhe vor dem Sturm auf dem Hügel Žuráň. In unmittelbarer Nähe hatte Napoleon sein Hauptquartier aufgeschlagen. Kurz vor halb acht Uhr morgens stand er mit seinem Stab auf dem Hügel und sah eine rote Sonne aufgehen, die den dichten Bodennebel auflöste und ihm die Stellung der österreichischen und russischen Truppen offenbarte. Wenig später gab er den Befehl zum Angriff. Die rote Sonne ging in die Geschichte ein – und ist sogar Asterix und Obelix bekannt, denen in Korsika »die alte Geschichte von Austerlix« erzählt wird. Ehe die Sonne wieder unterging, hatten tausende Soldaten ihr Leben verloren, und der französische Kaiser hatte seinen größten Triumph errungen. Der Bahnhof Austerlitz in Paris, eine Reihe von Szenen am Triumphbogen – sie alle erzählen von dem Landstrich in Mähren, der dem Militärstrategen Napoleon als geeignetes Terrain für seine Entscheidungsschlacht diente.

Wer den Hügel Žuráň besucht, spürt eine seltsame Ruhe. Nur die nahe Autobahn zwischen Brünn und Olomouc hat eine rauschende Schneise in die Landschaft getrieben, die je nach Windrichtung einmal mehr und einmal weniger die Klangkulisse bestimmt. Zwischen Ahornbäumen und den Fahnen der Konfliktparteien steht ein

Vom Hügel Žuráň aus befehligte Napoleon Bonaparte seine Truppen, die in der Schlacht bei Austerlitz über Russland und Österreich siegen sollten.

großer Steinquader, auf dem eine Karte des Schlachtfeldes eingraviert ist, das sich von hier aus fast zur Gänze überblicken lässt. Gegenüber ist der Hügel bei Prace, wo sich die entscheidenden Szenen der Schlacht abspielten. Östlich, über der Autobahn, befindet sich der Hügel Santon, auf dem eine weiße Kirche steht. Dort erkannte Napoleon einen strategischen Punkt, den er hart verteidigen ließ. Heute noch finden an diesem Ort Nachstellungen der historischen Kampfhandlungen statt.

Bei Kovalovice wird der Pferde gedacht, die in der Schlacht sterben mussten.

Wie ist es überhaupt dazu gekommen, dass sich der französische Kaiser Napoleon I., der russische Zar Alexander I. und der österreichische Kaiser Franz II. mit ihren Armeen bei Austerlitz begegneten? Die Französische Revolution im Jahr 1789 hatte ein politisches Erdbeben ausgelöst, dem mehrere Kriege in unterschiedlichen Konstellationen folgten. Die alte Ordnung bröckelte und das Heilige Römische Reich begann sich aufzulösen. Der auf Korsika geborene Napoleone Buonaparte war ein Kind der Revolution. Kaum erwachsen, begann seine militärische Laufbahn, die ihn an die Spitze Frankreichs beförderte. Auf den Tag genau ein Jahr vor der Schlacht von Austerlitz ließ sich Napoleon in der Notre Dame de Paris zum Kaiser der Franzosen krönen. Er machte keinen Hehl aus seinen politischen Ambitionen über Frankreich hinaus und die Kriege dienten ihm nicht nur zur Verteidigung. England sah sich vor und ging ein Bündnis mit Russland ein. Nachdem Österreich dieser Koalition beigetreten war, setzten sich russische und österreichische Truppen in Richtung Frankreich in Bewegung. Napoleon, der schon mit 150.000 Mann nach England hatte übersetzen wollen, verwarf seine Pläne. Während die Briten in der Seeschlacht von Trafalgar die Herrschaft über das Meer für sich entscheiden konnten, marschierte Napoleon am Festland durch, besiegte die Österreicher bei Ulm, nahm Wien kampflos ein, und drängte die russischen Truppen zurück. In Mähren angekommen wollte Napoleon eine rasche Entscheidung herbeiführen. Zunächst täuschte er Schwäche und Unentschiedenheit vor, um Zar Alexander I. und Kaiser Franz II. unter Zugzwang zu bringen, während er ein geeignetes Areal für seine Militäroperation auskundschaftete. Als Taktiker neuen Stils wusste Napoleon mit dem Gelände umzugehen und war den altmodisch denkenden Generälen überlegen. Insofern war es ihm kein großer Nachteil, dass er mit 73.000 Soldaten den Alliierten mit ihren fast 85.000 Mann zahlenmäßig und auch in punkto Kanonen um die Hälfte unterlegen war. Als die Alliierten vom Hügel bei Prace abzogen, schlug er zu, in der Überzeugung, dass er die Schlacht für sich entscheiden konnte, wenn er den zentralen Kommandostand des russischen Generals Kutusow einnehmen würde.

Für die mährische Bevölkerung war die Schlacht eine einzige Katastrophe. Davon abgesehen, dass die Truppen enormen Schaden anrichteten, Nahrungsmittel und Ressourcen abzogen, wurden Dörfer und Felder auf dem 120 Quadratkilometer großen Schlachtfeld teilweise dem Erdboden gleichgemacht. 17.000 Soldaten verloren ihr Leben und mussten in Massengräbern beerdigt werden. Es dauerte Jahrzehnte, bis sich die Menschen in der Region von dem Kriegsereignis erholt hatten. Die Vergangenheit ist noch immer präsent. Entlang der Straße sind die historischen Orte der Schlacht ausgeschildert. Noch immer finden die Bauern auf den Feldern Kugeln und Ausrüstungsgegenstände der Armeen. Auch von einem Schatz ist die Rede. Die russische Armee soll ihre Kriegskassa nach der Niederlage vergraben haben. Bis dato wurde sie aber nicht gehoben.

Auf dem Hügel bei Prace, auf dem die Schlacht am heftigsten tobte, steht heute das Friedensdenkmal *Mohyla míru*. Es wurde mehr als 100 Jahre nach der Schlacht auf die Initiative des Lehrers und Paters Alois Slovák errichtet, um den Gefallenen eine würdige letzte Ruhestätte zu schaffen. Architekt des Jugendstilgebäudes war Josef Fanta, der auch den Prager Hauptbahnhof schuf. Eine Ironie des Schicksals ist es, dass seine Eröffnung im Jahr 1914 ausgerechnet durch den Ersten Weltkrieg zunächst verhindert wurde.

Die Landschaft von 1805 hat sich bis heute wenig verändert. In Form von Gedenkstätten, markierten Gräbern, Kreuzen und Museen hat sich die Schlacht in die Wiesen, Felder und Dörfer eingeschrieben.

Info

Das Schlachtfeld bei Austerlitz

Detaillierte Routen, Adressen und Informationen unter:

- www.morava-napoleonska.cz/de/lokalitaten

Gesammeltes und Bewahrtes

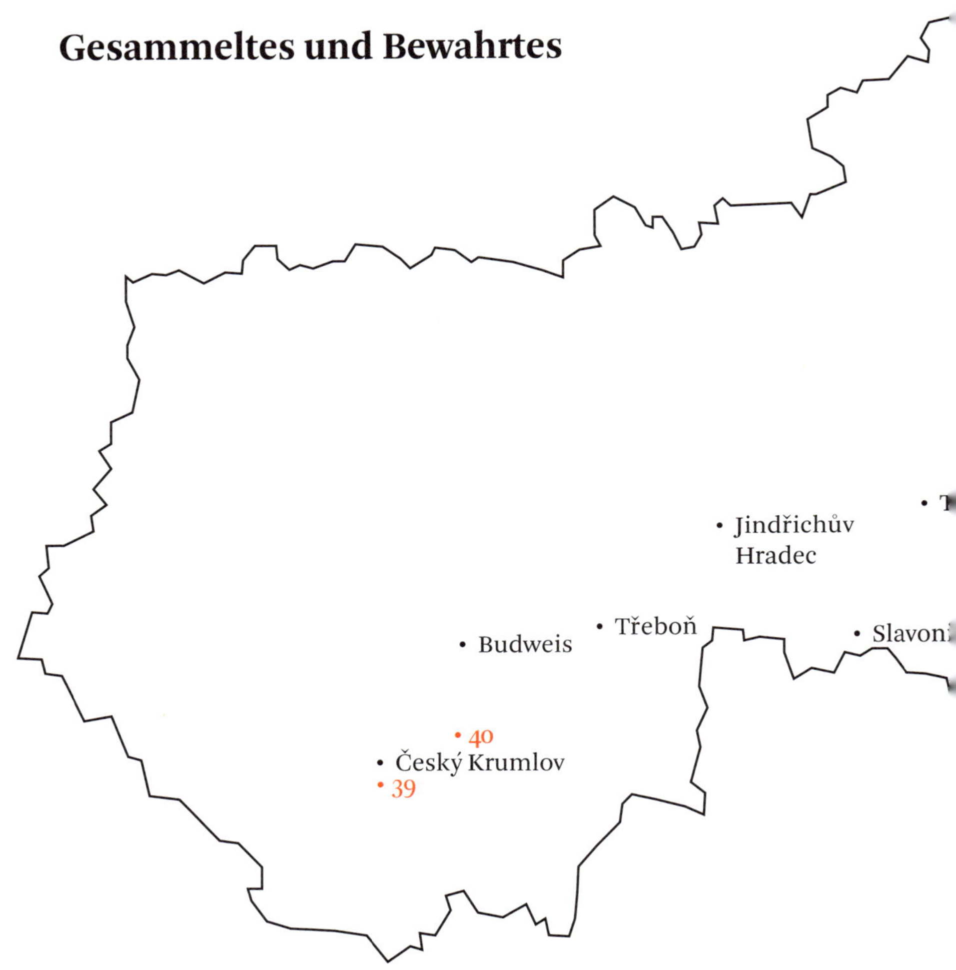

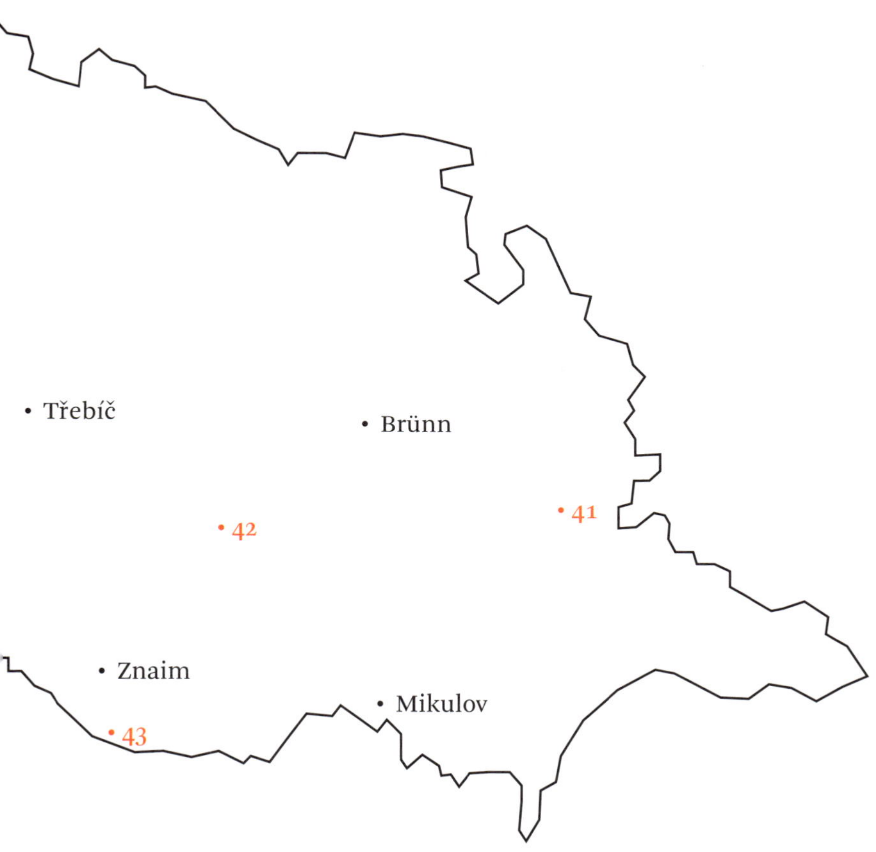

Wussten Sie, dass … ?

… die geheimnisvollen Moldavite durch einen Meteoriteneinschlag in Bayern entstanden sind?

… in der Badestube früher auch operiert wurde?

… Napoleon Bonaparte unter einer alten Linde Waffenstillstand schloss?

… Karel Gott das größte Jukebox- und Flippermuseum der Welt eröffnete?

Glaspartikel mit Alien-Touch

Moldavite verzaubern mit grünen Glanz. Ihren Ursprung haben sie in einem erdgeschichtlichen Schockereignis.

Es schillert und glänzt in kosmischem Grün. Superman würde es definitiv nicht anrühren, sieht es doch dem für ihn so gefährlichen Kryptonit zum Verwechseln ähnlich. Die daraus erwachsende Vermutung, es könnte sich um außerirdisches Gestein handeln, ist gar nicht so abwegig. Immerhin stammt ein Elternteil der Moldavite tatsächlich aus dem Weltall.

Die wissenschaftliche Erklärung ihrer Entstehung macht sie noch eine Spur geheimnisvoller, sind sie doch das Nebenprodukt einer immensen Naturgewalt. Erklärt wird dies anschaulich in den oberen Räumen des Museums. Dafür unternimmt man eine Zeitreise, die nicht weniger als 15 Millionen Jahre in die Vergangenheit führt. Damals krachte ein Meteorit mit dem kolossalen Durchmesser von 1.500 Metern, einer Masse von 500 Tonnen und einem Affentempo von bis zu 180.000 Stundenkilometern auf die Erdoberfläche, in eine Gegend, die sich im heutigen Bayern befindet. Der Meteorit schlug einen gigantischen, heute noch sichtbaren Krater, und löschte im Umkreis von 100 Kilometern alles Leben aus. Schockwellen waren auf der ganzen Erde zu spüren. Beim Aufprall wurden Erdreich und Gestein so stark unter Druck gesetzt, dass sie schmolzen und die Masse bis zu 450 Kilometer weit ostwärts geschleudert wurde. Das heiße Material erkaltete in der Luft und regnete in Form von Glaspartikeln zu Boden, wo es davongetragen und abgelagert wurde. Benannt wurde diese Form der Tektite – wie man auf diese Weise entstandene Objekte nennt – nach einem ihrer häufigsten Fundgebiete am oberen Flusslauf der Moldau: Moldavit.

Bis die Frage um den Meteoriteneinschlag geklärt war, gab es die wildesten Theorien für die geheimnisvollen Glaspartikel. Zur Zeit der Glashütten glaubte man, es handle sich um Abfälle aus der Glasproduktion. Ein Forscher hielt sie im 19. Jahrhundert für

Das Moldavitmuseum beleuchtet eindrucksvoll die Entstehung der einzigartigen Glasteilchen und zeigt sie in allen ihren Farbnuancen und Formen.

vulkanisches Glas, ebenso meinte man, sie stammten aus dem All – sogar vom Mond – oder seien beim Start eines außerirdischen Raumschiffes entstanden.

Wer hätte auch wissen können, dass die Partikel an einem für die Erde verheerenden Tag einfach vom Himmel fielen. Gefunden wurden sie demnach oft in Feldern nach dem Pflügen, wo nach wie vor Sammlerinnen und Sammler unterwegs sind. Kein Wunder, dass dem Moldavit auch verschiedene Wirkkräfte nachgesagt werden. Seine Schönheit faszinierte die Menschen seit jeher, deshalb wurde er schon vor Jahrhunderten als edles Gestein in Schmuck und wertvolle Gegenstände eingearbeitet.

Dem Zauber der grünen Glasteilchen kann man sich im unteren Stockwerk des Museums hingeben. Dort befinden sich Moldavite in allen farblichen Nuancen und den unterschiedlichsten Formen, so wie sie im Flug entstanden sind. Der Raum ist abgedunkelt, nur die einzelnen Steine leuchten in allen Grünschattierungen. In ihrer Reinform sind sie am schönsten.

Info

Moldavitmuseum

Panská 19, 381 01 Český Krumlov

40 Badestube der Rosenberger, Velešín

Von Eiterbeulen und Dampfbädern

Ein kleines Museum erzählt die Geschichte der Körperhygiene im Mittelalter und porträtiert die »Ärzte der kleinen Leute«.

Es kann einem Angst und Bange werden beim Anblick der Arbeitsgeräte, die Baderinnen und Bader zur Ausübung ihres Berufes verwendet haben. Die Messer, Zangen und Sägen ähneln mehr einem Operationsbesteck als dem klassischen Badezubehör. Das lag daran, dass dieser Berufsstand neben dem Waschen, Haareschneiden und Massieren auch medizinische Aufgaben zu erfüllen hatte, vom Zähne reißen bis zum Amputieren von Gliedmaßen – insofern nannte man die Bader auch die »Ärzte der kleinen Leute«.

Die Geschichte der beliebten Badestuben widerlegt zumindest teilweise die oft beschworene Mär vom finsteren Mittelalter und den vor Dreck starrenden Menschen. Zwar waren die hygienischen Standards im europäischen Frühmittelalter wirklich haarsträubend, mit den Kreuzfahrern kam jedoch die – bereits den Römern heilige und zwischenzeitlich vergessene – Badekultur aus dem Orient wieder zurück nach Europa und verbreitete sich rasch in den Städten des 12. und 13. Jahrhunderts. Das Velešíner Badehaus stammt aus dieser Zeit. Die heutige museale Badestube ist nach den Rosenbergern benannt, weil diese mit Ende des 14. Jahrhunderts die Herrschaft über Velešín übernahmen.

Wenn es Zeit zum Baden war, ertönte lautstark eine Trompete. Der rustikale Kerzenleuchter und die mit Tüchern ausgelegten hölzernen Badezuber, über denen ein großer Baldachin hängt, strahlen mittelalterliche Behaglichkeit aus. Fehlen nur noch Wasserdampf und Kräuterduft. Und der übertünchte tatsächlich so manchen weniger appetitlichen Körpergeruch, der sich in der überheizten Badestube oft ausbreitete, denn auch Dampfbäder und Schwitzkuren gehörten zum Repertoire. Was heute im privaten Badezimmer geschieht und in der Öffentlichkeit zu erwähnen tabu ist, erledigten damals die Baderinnen und Bader für die Menschen: Sie entfernten Zungenbelag,

Wer bekommt hier nicht Lust auf ein gemütliches Bad?

stachen Eiterbeulen auf, beseitigten Hühneraugen und versorgten Wunden. Wer jetzt Ekel verspürt, sollte wissen, dass es in den Badestuben auch sehr gesellig zugehen konnte. Die Menschen saßen nicht selten in Gruppen im warmen Wasser, musizierten dabei, aßen und tranken. Baden war nicht nur den Reichen vorbehalten. Für die Armen zahlten die Herrschaftsbesitzer.

Die Baderinnen und Bader konnten auch zur Ader lassen und schröpfen, quasi das Äquivalent zum modernen Wellness-Programm. Auch die Badestuben unterlagen Trends und entwickelten sich weiter. Mit der Zeit kamen wohltuende Kräuteressenzen und Mineralsalze in Mode, die dem Badewasser beigemengt wurden. Baderinnen und Bader hatten – trotz ihrer wichtigen Funktion in der Hygiene- und Gesundheitsversorgung – einen ähnlich schlechten Ruf wie die Abdecker, die Tierkadaver verwerteten, oder sogar Henker. Erst als sie sich im 15. Jahrhundert zur Zunft organisieren durften, verbesserte ihr soziales Ansehen ein wenig. Zweihundert Jahre später aber endete die Zeit der Badestuben abrupt. Durch die Gesundheitsreform unter Herrscherin Maria Theresia durften medizinische Tätigkeiten nur mehr mit einer universitären Ausbildung ausgeführt werden – die Baderinnen und Bader verloren ihren Beruf.

Das ehemalige Pfarrhaus neben der Velešíner Kirche, das den Spitznamen *Kantorenhaus* trägt, ist ein gut erhaltener spätgotischer Bau aus dem 14. Jahrhundert. Die Badestube – im Original befand sie sich in einem benachbarten Holzhaus – dürfte zu diesem Zeitpunkt schon 100 Jahre existiert haben. Während der Führung durch das Kantorenhaus durchläuft man mehrere Jahrhunderte. Spätestens in der vor Ruß strotzenden schwarzen Küche weiß man die Annehmlichkeiten der Gegenwart wieder zu schätzen.

Info

Badestube im Dům U Kantůrků

Náměstí J. V. Kamarýta, 382 32 Velešín

Sammelsurium mit X-Faktor

Zwischen Faszination, Nostalgie und Gruseln: Ein Schlossmuseum mit seinen 3.000 Exponaten öffnet eine Pforte in die Vergangenheit.

Eine Stimme hallt durch den ganzen Ort. Wird hier ein Spiel am Fußballplatz lautstark kommentiert? Oder, um Himmels Willen: Habe ich falsch geparkt und werde schon ausgerufen? Nein, es ist ein ganz normaler Wochentag. Und um die Mittagszeit tut sich nicht viel. Es kann ein wenig dauern, bis man begreift, dass die Stimme aus dem Laternenmasten kommt, genau genommen von der dort angebrachten Ortsrufanlage. Die Lautsprecher sind ein Relikt aus der Zeit des Kommunismus, werden aber noch immer genutzt. Statt Propaganda verkünden sie mittlerweile Gemeindenachrichten. Gelegentlich streckt jemand ein Ohr aus dem Fenster oder lehnt sich lässig an die Hausmauer und lauscht, aber von großem Interesse scheint das laute »Dorfradio« nicht zu sein. Es hallt bloß ein wenig penetrant im Kessel von Ždánice, dem 2.500-Seelen-Städtchen mit seinem schicken Renaissance-Schloss und dem angeschlossenen englischen Park.

Wer sich von den Stimmen aus den Lautsprechern ein wenig verwirren lässt, ist genau in der richtigen Stimmung für das kleine Stadtmuseum, ein Sammelsurium von Familienstücken, historischen Raritäten, ethnografischen Gegenständen und Spuren in die Vergangenheit. Es breitet sich über 11 Räume im Erdgeschoss des Schlosses aus. Gegründet wurde es im Jahr 1940 vom Lehrer, Historiker und Sammler Jakub Vrbas. Seine Sammlung fußt auf dem archäologischen Schatz eines Notars, der Ende des 19. Jahrhunderts – in der Goldgräber-Zeit für Hobby-Archäologen – eine Menge an Fundstücken ausgegraben und zusammengetragen hatte.

Ein präparierter Kugelfisch steht auf einem Kasten, aus allen Ecken starren gläserne Tieraugen. Der Abwechslungsreichtum ist beachtlich, schon im nächsten Raum sind die Regale gefüllt mit altem Spielzeug: vom Kasperltheater bis zum Doktorkoffer. Da hüpft das Herz, wenn plötzlich ein Relikt aus der eigenen Kindheit auftaucht.

Das Vrbas-Museum ist ein wahres Kuriositäten-Kabinett.

In einem anderen Raum sind Schaukästen mit kostbarem Porzellan gefüllt, das an die Zeit der Töpfer und Krugmacher von Ždánice erinnert. Im Museum finden sich aber auch Gegenstände, die an die Bewohnerinnen und Bewohner des Schlosses erinnern. Filigran gerahmte Bilder zeigen Familienmitglieder oder gar den Kaiser. Manche alten Einrichtungsgegenstände verdienen aus heutiger Sicht das Prädikat »kurios«, so etwa zwei Aschenbecher, die auf den Köpfen von metallenen Königskobras ruhen.

Der in tschechischen Volksliedern besungene General Gideon Ernst von Laudon war ebenso eine Zeitlang Mieter der Schlossvilla. Vom einst verehrten Militärstrategen sind persönliche Erinnerungsstücke und sogar seine Uniform ausgestellt. Der letzte Raum ist einem anderen General gewidmet: dem französischen Kaiser Napoleon Bonaparte. Seltsam: in der Nische steht ein riesiger Baumstamm. Es handelt sich um einen Teil der sogenannten Napoleon-Linde, bei der im Dezember 1805 der Waffenstillstand nach der für den französischen Herrscher ruhmreichen Schlacht von Austerlitz geschlossen wurde.

Schulklassen besuchen gerne das Museum. Staunend streifen die Kinder an den Schaukästen vorbei. Faszination lösen die beweglichen Modelle von Dampfmaschinen, Wasser- und Windmühlen aus. Auch die mittelalterliche Turmuhr funktioniert wie am Schnürchen.

Bei einer kleinen Kiste kommt es gelegentlich zum Aufschrei: »Iiiieeehhh, was ist denn das?« Das darin liegende zusammengekrümmte Skelett eines kleinen Hundes mit Halsband und Kette soll auf dem Dachboden gefunden worden sein. Warum nur, stellt sich die Frage, befindet sich doch im angrenzenden Schlosspark ein hundert Jahre alter Hundefriedhof.

Info

Vrbas-Museum im Schloss Ždánice

Zámek 1, 696 32 Ždánice

• vrbasovo-muzeum.webnode.cz

On-Off-Beziehung mit Alfons Mucha

Schloss Moravský Krumlov ist zum zweiten Mal das Übergangsquartier für das *Slawische Epos* des Jugendstilmalers Alfons Mucha.

Die Kapelle des heiligen Florian mit ihren vier anliegenden Türmchen thront hoch über der Stadt, die am Sonntagvormittag noch im Dornröschenschlaf liegt. Die Kirchenglocken läuten und ein paar Musikantinnen und Musikanten stapfen mit ihren Blasinstrumenten über den Masaryk-Platz. Wie das andere, bekanntere Krumlov, in dem um diese Zeit bereits die Straßen mit Touristinnen und Touristen gefüllt sind, liegt Moravský Krumlov in einer Flussschlinge. In diesem Fall ist es die Rokytná, die in die grün wuchernde Landschaft eine Perle hineingeschnitten hat.

Auf der engsten Stelle des Mäanders liegt das Schloss und wenn man von diesem erzählt bekommt, wird gerne erwähnt, dass hier einmal das *Slawische Epos*, das Hauptwerk des berühmten tschechischen Jugendstilmalers Alfons Mucha, dessen Motive in fast jedem Museumsshop vorhanden sind, zu sehen war – genau genommen in den Jahren 1963 bis 2011.

Alfons Mucha, der mit der Gestaltung von Plakaten berühmt geworden war, ersann eine große, alle slawischen Völker verbindende Erzählung, die er malerisch umsetzen wollte. Darin baute er eine Reihe von kulturellen, historischen, religiösen und militärischen Motiven aus mehreren osteuropäischen Ländern und Kulturen ein, griff neben tschechischen auch russische, polnische, serbische, kroatische und bulgarische Themen und Nationalmythen auf. Zu sehen sind unter anderem König Přemysl Otakar II., der bei der Hochzeitsfeier einer seiner Nichten ein Bündnis mit allen slawischen Herrschern schließt, die Abschaffung der Leibeigenschaft in Russland oder orthodoxe Pilger am heiligen Berg Athos. Kyrill und Method, die die erste slawische Schrift schufen, gehören ebenso zum Figurenrepertoire wie Jan Hus, die Hauptfigur der Reformation in Böhmen, und der Pädagoge und Philosoph Johann Amos Comenius.

Schloss Moravský Krumlov ist wieder ein »Must-see« für alle Mucha-Fans.

Mucha arbeitete von 1911 bis 1928 an seinem Monumentalwerk und schenkte die 20 großformatigen Gemälde der Stadt Prag mit der Auflage, ein Gebäude dafür zu errichten. Die Stadt aber war in einem Dilemma, weil Muchas Werk von der Kunstszene belächelt wurde. Die Avantgarde empfand es als rückschrittlich und in nationalistischen Kreisen stieß vor allem die panslawische Idee auf Ablehnung. Gebaut wurde nichts, der Zyklus landete im Archiv, obgleich er international heiß begehrt war und Teile davon in Ausstellungen in New York und Chicago Begeisterung hervorriefen.

1963 übersiedelte das *Slawische Epos* ins Schloss Moravský Krumlov, bis es 2011 wieder nach Prag geholt wurde, in den dortigen Messehallen zu sehen war und als Leihgabe in verschiedene Museen wanderte. Vor dem Hintergrund dieser abhanden gekommenen Attraktion erschien das in die Jahre gekommene Schloss Moravský Krumlov, dessen Renaissance-Arkadenhof die einstige Pracht erahnen lässt, in einem traurigen Licht. Seit einigen Jahren wird es saniert. In die schönen hellen Räume im ersten Stock allerdings zog im Jahr 2015 eine Ausstellung mit Werken aus der Kunstsammlung von Jan und Meda Mládek. Das Schloss wurde als Außenstelle des 2003 eröffneten, privat geführten Kampa-Museums in Prag, der Heimat der Mládek-Sammlung, genutzt. Gezeigt wurden Werke tschechischer und mitteleuropäischer Künstlerinnen und Künstler aus der zweiten Hälfte des 20. Jahrhunderts.

Für die dauerhafte Präsentation des *Slawischen Epos* in Prag gibt es auch fast hundert Jahre nach Fertigstellung keine Lösung. Die Stadt Prag entschloss sich daher, den Zyklus vorläufig wieder nach Moravský Krumlov zu übersiedeln. Dort ist die Freude groß, dass Muchas Hauptwerk ab dem Sommer 2020 wieder im Schloss ist.

Info

Schloss Moravský Krumlov

Zámecká 1, 672 01 Moravský Krumlov

Pinball-Wizard und Jukebox-Hero

Ein Museum mit zwei der größten Sammlungen von Jukeboxen und Flippern entführen in die zauberhafte analoge Entertainmentwelt des 20. Jahrhunderts.

»Das größte Jukebox- und Flipper-Museum der Welt befindet sich in einem Land, in dem niemals eine Jukebox gebaut wurde«, sagt Sammler und Kurator Günter Freinberger lachend, »dafür wurde es von einem der meistgespielten Jukebox-Stars eröffnet.« Karel Gott, die goldene Stimme aus Prag, schnitt im September 2017 das Band durch und eröffnete ein Wunderland von 8.500 Quadratmetern, in dem sich 840 Jukeboxen, 250 Flipper und jede Menge Raritäten von einem weißen Cadillac bis zum Batmobil befinden.

Das Flippern begann Freinberger, der eine der größten Flipper-Sammlungen Europas aufbaute, in seiner Kindheit. Nach der Messe schlich sich der ehemalige Ministrant ins Wirtshaus und spielte, bis seine Finger glühten. Die technischen Fähigkeiten aus seinem Beruf als Radio- und Fernsehtechniker würden ihm noch gut behilflich sein, als er im Erwachsenenalter wieder auf seine Flipperleidenschaft zurückkam. Nachdem er ein Modell ersteigert hatte ging es rasant weiter: Freinberger kaufte ganze Sammlungen, reparierte alte Flipper, erstand Raritäten. Eines Tages meldete sich der Unternehmer Ronald Seunig, dessen Leidenschaft das Sammeln von Jukeboxen ist. Aus dem gegenseitigen fachlichen Interesse der Sammler entwickelte sich eine Freundschaft. Die beiden entschieden, ihre Schätze der Öffentlichkeit zur Verfügung zu stellen und planten ein Museum, das Seunig am Areal seines Einkaufszentrums *Excalibur City* baute.

»Jede Jukebox und jeder Flipper ist ein Stück Kulturgeschichte«, erzählt Freinberger begeistert, »im Design spiegelt sich die jeweilige Zeit wider, wie etwa das Weltraumfieber in den 1960er Jahren.« Die Zeitreise im Museum beginnt aber weit davor, im letzten Viertel des 19. Jahrhunderts, als Thomas Alva Edison die menschliche Stimme auf einem Phonographen aufzeichnete. Vor der Zeit der

In der Terra Technica kann man selbst zum Pinball-Wizard werden.

Schallplatten wurden bekannte Melodien auch von Stiftwalzen abgespielt oder ganze Orchester von einer mechanischen Apparatur – Instrument für Instrument – imitiert. Verblüffend ist es, dass die Geräte immer noch einwandfrei funktionieren.

Manche der glitzernden und glänzenden Jukeboxen dürfen benutzt werden und je weiter man in die Mitte des 20. Jahrhunderts vordringt, desto bekannter werden auch die Ohrwürmer. Ab den 1930er Jahren beginnt die Ära der Flipper, die damals aus Nägeln (Pins) und Bällen (Balls) bestanden, woraus sich der Name *Pinball Machine* für Flipper ableitete. Die berühmten Flipperfinger, mit welchen man den Ball im Spiel hält, erfand der Techniker Harry Mabs im Jahr 1947. Kaum vorstellbar, dass es einmal einen Service gab, der Wunschplatten übers Telefon in ein Lokal zuspielte. Das war Musik-Streaming in den 1940er Jahren. In den 1950er Jahren hatten die Jukeboxen Ähnlichkeit mit Autos, in den 1960ern mit Truhen. Manche haben Lichteffekte eingebaut, andere wirken chic und elegant. Neben den vielen Modellen der großen Hersteller Wurlitzer, AMI, Seeburg und Rock-Ola sind in der Terra Technica Jukeboxen aus der ganzen Welt zu finden, ein ganzer Raum widmet sich Modellen aus Europa. Flipper ist nicht gleich Flipper, manche lassen sich auf zwei Ebenen bespielen, andere spielen Filmszenen ab. Die inhaltliche Themenpalette reicht von der Weltraummission bis zum Superheldenfilm, längst vergessene Leinwandhelden tauchen wieder auf. Wer würde auf dieser Zeitreise beim Klang von Elvis' Klassikern, The Whos' *Pinball Wizard* oder Foreigners' *Jukebox Hero* nicht vollkommen darauf vergessen, dass es da draußen noch eine andere Welt gibt?

Info

Terra Technica

Excalibur City, Hatě 194, 66902 Chvalovice

• www.terratechnica.info

Alte Grenzen, neue Freundschaften

Wussten Sie, dass … ?

… ein Vorfahre von Neil Diamond am jüdischen Friedhof von Šafov begraben ist?

… eine der ersten Pferdeeisenbahnen Europas zwischen Gmunden und Budweis verlief?

… Franz Kafka die Teilung von Gmünd hautnah miterlebte?

… der Eiserne Vorhang hunderte Orte schluckte?

Spiegel der Geschichte

Der jüdische Friedhof von Šafov erinnert an jene Menschen, die über Jahrhunderte das Leben in der Region wesentlich mitgestaltet haben.

Ein stimmungsvoller Erinnerungsort, der mit üppiger Natur empfängt: Akazien und Linden begrenzen das Areal der alten Grabsteine. Unterhalb befindet sich ein verwachsener Teich. Der auf einem Hang gelegene jüdische Friedhof ist die letzte Spur der jüdischen Gemeinde von Schaffa, deren Geschichte zeigt, wie schwierig das jüdische Leben unter sich ständig wechselnden politischen Bedingungen seit dem 17. Jahrhundert verlaufen ist. Die großen und kleinen Grabsteine und deren unterschiedliche Inschriften sind das Zeugnis des tatkräftigen Wirkens vieler Menschen und ihrer einflussreichen Leben.

Die ersten Juden siedelten sich 1671 aufgrund der Judenvertreibung durch Kaiser Leopold I. in Schaffa an. Viele von ihnen kamen aus den nur wenige Kilometer entfernten Orten Weitersfeld und Pulkau. Der Grundherr von Vranov, Max von Starhemberg, gewährte ihnen Niederlassung, nachdem die Gegend um Schaffa infolge der Schwedenkriege in der ersten Hälfte des 17. Jahrhunderts verödet war. Auf der ihnen zugewiesenen Stelle entstand die Judengasse, manche ließen sich aber auch im Marktgebiet nieder.

Die politischen Bedingungen blieben schwierig. In punkto Niederlassung, Bewegungsfreiheit und Erwerbstätigkeit erfuhren sie laufend Einschränkungen. Kaiser Karl VI., der Vater von Maria Theresia, ordnete 1727 die sogenannte Judenseparation an, wonach das Leben von Christen und Juden streng getrennt werden sollte. In Schaffa entstand ein Ghetto, in dem die Wohnverhältnisse beengt waren – es war verboten, neuen Wohnraum zu erschließen. Auch die Verwaltung von Juden und Christen wurde aufgesplittet. Zwar betrieben einige jüdische Einwohner ein Handwerk, die meisten jedoch verdingten sich als Handelsreisende, kauften Rohstoffe ein und

Der jüdische Friedhof in Šafov ist stummer Zeuge der dramatischen Geschichte der Juden im Grenzgebiet.

Auf dem Friedhof in Šafov ruht Rabbi Adolf Diamant – ein vermeintlicher Vorfahre des US-amerikanischen Sängers Neil Diamond.

verkauften Waren wie Tuch, Leinen und Leder. Ihr Wirkungskreis erstreckte sich bis Znaim, Hollabrunn, Slavonice und Jemnice.

Maria Theresia betrieb eine stark antijüdische Politik, die mit zahlreichen Schikanen verbunden war. 1744 sollten die Juden laut ihrer Anordnung Prag und Böhmen verlassen. Die Herrschaft Vranov, unter deren Schutz Schaffa stand, wehrte sich, wie viele andere Grundherrschaften, dagegen, da ein großer Nachteil entstanden wäre und die Juden mit den wirtschaftlichen Aktivitäten der Christen eng verflochten waren.

Erst mit dem Toleranzedikt von Kaiser Joseph II. kamen Erleichterungen. Die jüdische Gemeinde konnte nun – unter Aufsicht der christlichen Pfarre – sogar eine Schule betreiben. Mit dem Revolutionsjahr 1848 begannen sich die politischen Verhältnisse rascher zu verändern. Die Grundherrschaften wurden abgeschafft, so entstanden eine jüdische und eine christliche politische Gemeinde, die per Gesetz bald wieder zusammengelegt wurde. Die jüdischen Bürgerinnen und Bürger konnten ein Schul- und Gemeindehaus bauen und wurden allmählich gleichberechtigt. Sie durften sich frei niederlassen und Grund besitzen, was ihnen durch das Staatsgrundgesetz 1867 zugesichert wurde. Nicht zuletzt wegen der neuen Freiheiten veränderte sich das Leben in Schaffa. Kurz stieg die Bevölkerungszahl zwar an, bald begann aber schon die Abwanderung. Die Franz-Josephs-Bahn eröffnete und ermöglichte einen raschen Warenverkehr zwischen Städten und Land. Dadurch verloren die Handelsreisenden ihre Einkommensgrundlage und begannen sich neu zu orientieren. Viele Juden zogen nach Wien oder in andere Städte in Mähren und Niederösterreich. Dennoch hielten einige weiterhin Kontakt mit ihrem Herkunftsort und kamen zur Sommerfrische zurück. In Schaffa entstanden Hotels und eine Badeanstalt. Ein Schlag für Schaffa war die Grenzschließung im Jahr 1919, wodurch die wirtschaftlichen Beziehungen mit Österreich abrissen.

Nach dem Einmarsch der Nationalsozialisten 1939 wurden die verbliebenen 68 Juden deportiert, vertrieben und ermordet und die Synagoge abgerissen. Nur der Friedhof mit seinen etwa 950 Steinen ist erhalten geblieben. Die ältesten stammen vom Beginn des 18. Jahrhunderts, viele davon tragen hebräische Inschriften. Bis 1945 gab es noch eine Friedhofsmauer, die nach dem Krieg abgetragen wurde. Im südöstlichen Teil des Friedhofs befinden sich größere Grabsteine. Dort wurden die Vorsteher der Religionsgemeinde begraben. Unter ihnen ist Rabbi Adolf Diamant, wahrscheinlich ein Vorfahre des berühmten US-amerikanischen Musikers Neil Diamond.

Die jüdische Gemeinde Schaffa brachte mehrere bekannte Persönlichkeiten hervor. Einer von ihnen, der zu Unrecht ins Hintertreffen geriet, ist der Schriftsteller und Journalist Ludwig Winder. Er gehörte zum Prager Literatenkreis um Max Brod. Von Winders Theaterstück *Die Frau ohne Eigenschaften* dürfte sich Robert Musil intensiv für seinen wirkkräftigen Roman *Der Mann ohne Eigenschaften* inspirieren haben lassen. Winders 1922 erschienener Roman *Die jüdische Orgel* thematisiert das Aufwachsen in einer kleinen jüdischen Gemeinde in Mähren. Sein schon im Ständestaat verbotener Roman *Der Thronfolger* über Franz Ferdinand wurde 2014 neu aufgelegt. Winder musste 1939 vor den Nazis fliehen und erlag 1946 in London einem Herzleiden.

Info

Jüdischer Friedhof

Šafov 36, 671 06 Šafov

Die Kolatschenstation

Zwischen Budweis und Linz verlief einst eine der ersten Pferdeeisenbahnen Europas. Ihre Spuren sind entlang der Strecke und in einem kleinen Museum zu finden.

»Darf's eine Kolatsche sein?« – »Aber bitte, bitte gern!« Wer hätte da schon Nein sagen können. Während die Pferde umgespannt wurden, ließen sich die Reisenden die köstliche böhmische Süßspeise am Bahnhof Bujanov schmecken. Kein Wunder, dass dieser im Volksmund liebevoll »Kolatschenstation« genannt wurde.

14 Stunden dauerte es, um mit der Pferdeeisenbahn die 127,8 Kilometer lange Reise von Budweis nach Linz zurückzulegen – Jausenpausen bereits inkludiert. »Bitte einsteigen« hieß es um 5 Uhr Früh, bis 11 Kilo Gepäck waren genehmigt. »Erste, zweite oder dritte Klasse?« Hatte man den richtigen Wagen erwischt, musste man nur noch den vorreservierten Platz finden, was aber nicht schwer war bei 24 Sitzen. Einziges Manko: Drückte während der Fahrt die Blase, war man angehalten sich zu melden, denn Toilette gab es keine an Bord. Der »Lokführer« am Kutschbock brachte dann die Pferde zum Stehen und die Natur rief.

Eisenbahnfreundinnen und -freunde aufgepasst! Das kleine Wärterhäuschen von Bujanov, eines von seinerzeit 77 entlang der gesamten Strecke, ist heute ein Museum und erzählt vom großen Abenteuer der ersten Pferdeeisenbahn. Zu sehen gibt es alte Bilder, Urkunden und Genehmigungen – neben den Zugpferden wieherten auch die Amtsschimmel –, Streckenpläne und alte Fahrkarten.

Es mutet an wie eine Helden-Geschichte, die von Visionären und großen Unwegsamkeiten, von Pionieren und neuem Terrain handelt: Anfang des 20. Jahrhunderts legte der Prager Technikprofessor Franz Josef Gerstner erste Pläne für die Eisenbahnverbindung vor. Sinn und Zweck war es, das Salz aus dem oberösterreichischen Salzkammergut, das über Traun und Donau nach Linz transportiert wurde, mit Pferdestärken bis Budweis zu schafft, wo es weiter auf

In Holkov sind zahlreiche Relikte der alten Bahn erhalten: Nahe der ehemaligen Station mit Pferdeställen findet sich diese Bahnbrücke.

Das Pferdeeisenbahnmuseum ist im einstigen Bahnwärterhäuschen von Bujanov untergebracht.

der Moldau verschifft werden konnte. Umsetzen sollte das Unterfangen Gerstners Sohn Franz Anton, der dafür eine Studienreise nach England unternahm, wo bereits mehrere Pferdebahnen verkehrten. Gerstner junior wusste damals schon, dass die Dampflok die Zukunft des Transportwesens bestimmen sollte. Er vermarktete das Projekt zunächst gut, baute im Wiener Prater eine »Probebahn« und holte sich Finanziers, was zur Gründung einer Aktiengesellschaft unter dem Namen *k.u.k. privilegierte Erste Eisenbahn-Gesellschaft* führte.

1824 erfolgte bereits der Spatenstich, ein Jahr später begann der Bau. Nicht jeder war glücklich über diesen Fortschritt: Die Kutscher streikten, die Gastwirte an den Straßen hatten Angst um ihre Existenz und die Grundbesitzer protestierten, weil sie ihre Gründe für die Schienen nicht abtreten wollten und Gerstner kein Verständnis für sie übrig hatte. Später sollten auch noch wackere Pfarrer die Fahrpläne torpedieren, um dem Bahnpersonal den Messbesuch zu ermöglichen. Nach drei Jahren hatte das Unterfangen das vorgesehene Budget weit überschritten und die Aktionäre legten sich quer, weil Gerstner zu kostenintensiv baute. Der redete sich zunächst auf die gestiegenen Bierpreise im Hinblick auf die Versorgung der vielen Arbeiter hinaus, musste aber letztlich das Handtuch werfen und an seinen 21-jährigen Mitarbeiter Matthias Schönerer übergeben. Gerstner hatte zwar einige folgenschwere Fehler beim Bau gemacht, aber gleichzeitig auch Technikgeschichte geschrieben, indem er herausfand, wie Höhenunterschiede zu überwinden waren – im konkreten Fall 328 Meter. Er ging nach St. Petersburg und baute dort eine dampfbetriebene Eisenbahnstrecke. Nachdem der nördliche Teil der Pferdeeisenbahn 1829 eröffnete, baute Schönerer die Strecke kostengünstiger bis Linz aus, von wo ab 1832 die Pferde starten konnten. Die Verlängerung bis Gmunden eröffnete 1836.

Das gesamte Unterfangen gebietet Ehrfurcht. Anstatt Remisen und Abstellgleisen gab es Ställe, Lager für Hafer und Heu, Sattlereien, Wagnereien und Schmieden entlang der Strecke. 600 Pferde und 1.000 Wagen waren im Einsatz. Ein Pferd schaffte, je nachdem ob Güter oder Personen transportiert wurden, zwischen 30 und 42 Kilometer. An fünf Stationen zwischen Budweis und Linz wurde umgespannt.

Die Pferdeeisenbahn brachte Budweis neue industrielle Entfaltungsmöglichkeiten, war aber nach nicht einmal 35 Betriebsjahren bereits ein Auslaufmodel. Die Entwicklung war allerorts rasch vorangegangen und Dampflokomotiven zischten bereits durch Europa. Für den Dampfbetrieb konnte die Pferdestrecke jedoch nicht 1:1 übernommen werden, deshalb wurde großteils neu gebaut. Nahe der alten Kolatschenstation Bujanov hält heute der Zug zwischen Linz und Budweis. Von der alten Pferdeeisenbahnstrecke ist noch eine Reihe von Überresten erhalten, von Stallungen über Bahndämme bis zu einer Brücke mit Gleisen. Wo diese zu finden sind und wie sie aussehen, zeigt die Ausstellung im Bujanover Museum.

Wer jetzt Gusto auf eine Kolatsche bekommen hat, muss nicht verzweifeln oder bis zur Erfindung der Zeitmaschine warten. Jedes Jahr im Juli feiern die Einwohnerinnen und Einwohner der 550-Seelen-Gemeinde im Andenken an die alte Geste der Gastfreundschaft beim Museumshäuschen ein süßes Kolatschenfest.

Info

Pferdeeisenbahnmuseum Bujanov

Bujanov 26, 382 41 Kaplice

• www.bujanov.cz

Ehemalige Station Holkov und Bahnbrücke

Beim Restaurant U koňské dráhy, Holkov 18, 382 32 Velešín

Pferdeeisenbahnmuseum Budweis

Mánesova 44/10, 370 01 České Budějovice

Vom Ende der Welt ins Herz Europas

Wer spüren möchte, wie gut sich das geeinte und friedliche Europa anfühlt, sollte nach České Velenice reisen. Dort begegnen sich zwei Städte in unmittelbarer Nachbarschaft auf Augenhöhe.

Als Franz Kafka am 15. August 1920 von Prag kommend in Gmünd eintraf, um sich mit seiner geheimen Freundin Milena Jesenská, die aus Wien angereist war, zu treffen, gab es plötzlich eine Grenze zu passieren. Durch den Friedensvertrag von St. Germain war Europa neu aufgeteilt worden. Die Gmünder Vororte Unter-Wielands und Böhmzeil samt dem Bahnhof wurden zu einem Teil der Tschechoslowakei. Kafka brauchte ein Visum, um vom Bahnhof in die Stadt zu gelangen.

Nicht einmal zwanzig Jahre später folgten düstere Zeiten. Die Nationalsozialisten machten České Velenice zum Stadtteil *Gmünd III*. Nach dem Krieg zog der Eiserne Vorhang wieder eine harte Grenze mitten durch das Leben der Menschen. Die Bewohnerinnen und Bewohner von České Velenice und Gmünd erlebten all das aus nächster Nähe. Jaromir Slíva, seit 2003 Bürgermeister von České Velenice, erinnert sich daran, als Kind auf die andere Seite geschaut und nicht verstanden zu haben »warum wir von Stacheldraht umgeben sein mussten, aber ich akzeptierte es als einen normalen Teil meines Lebens.« Als Schüler habe er sogar während des Unterrichts durch die Fenster die Autos in Gmünd fahren sehen. Auch Helga Rosenmayer, die Bürgermeisterin von Gmünd, erinnert sich, dass die Grenze für die Bewohnerinnen und Bewohner der Stadt Gmünd zum alltäglichen Bild des Lebens in der Stadt gehörte: »Auf der einen Seite war sie etwas Bedrohliches, auf der anderen Seite etwas, was einfach da war und auch nicht hinterfragt wurde. Erst nach 1989 wurde den Menschen immer mehr bewusst, dass diese unüberwindbar scheinende Grenze ein Hemmschuh für die Entwicklung unserer Region war.«

Kaum waren die Grenzbalken endlich gefallen, packte die Menschen auf beiden Seiten die Neugierde. »Als ich Ende 1989 zum ersten

Nach der Teilung der Stadt Gmünd kam Franz Kafka am Bahnhof an.

Mal die Grenze überqueren konnte, war es für mich persönlich eine unglaubliche Erfahrung. Nach vielen Jahren konnte ich die Orte sehen, die ich nur aus der Ferne beobachten konnte«, erinnert sich Slíva. Die Städte nahmen unverzüglich Beziehungen zueinander auf, organisierten grenzüberschreitende Kulturveranstaltungen, die damaligen Bürgermeister wurden zu lebenslangen Freunden. Mitte der 1990er Jahre entstand ein internationaler Wirtschaftspark.

Beide Städte begannen wieder das Vertrauen zueinander aufzubauen, das ihnen mehrere politische Regime genommen hatten. Seit dem EU-Beitritt der Tschechischen Republik im Jahr 2004 verschwimmen die Staatsgrenzen wieder und es ist ein Leichtes, über die Lainsitz von einem Stadtzentrum zum anderen zu spazieren. Auch der alte Bahnhof hat die Zeit überdauert.

Es sind die Notwendigkeiten des Alltags, welche die Menschen miteinander verbinden, von der Zusammenarbeit der beiden Freiwilligen Feuerwehren über Schulprojekte bis hin zur gemeinsamen Trinkwasser-Notversorgung. Wegweisend ist der Bau eines neuen Gesundheitszentrums, das sowohl österreichischen als auch tschechischen Patientinnen und Patienten zur Verfügung stehen wird.

Vom Ende der Welt sind die Menschen plötzlich in die Mitte von Europa gelangt, ohne auch nur einen Kilometer zurücklegen zu müssen. »Die beiden Städte Gmünd und České Velenice spiegeln die europäische Idee wie kaum eine andere Region in Europa wider«, sagt Helga Rosenmayer. »Unsere Zukunft liegt im gegenseitigen Respekt. In dem Wunsch, zusammenzuarbeiten, um gemeinsame Herausforderungen zu bestehen, in dem Wunsch, in Freundschaft und Frieden zusammenzuleben. Ich bin froh, dass dies jetzt der Fall ist, und ich wünsche mir, dass dies auch in Zukunft so bleibt«, bekräftigt Slíva.

Info

378 10 České Velenice und 3950 Gmünd

47 Erinnerungsort Cetviny / Zettwing

Rückkehr eines verschwundenen Ortes

Cetviny ist einer der etwa 600 Orte, die am Eisernen Vorhang in Südböhmen untergegangen sind. Dem Engagement grenzüberschreitender Freundschaft ist es zu verdanken, dass es zu einem »Erinnerungsort« geworden ist.

Eigentlich ist Cetviny – oder Zettwing, wie es in deutscher Sprache einmal hieß – einer jener Orte, die es gar nicht mehr gibt. *Grüner Gürtel* wird das Grenzgebiet zwischen der Tschechischen Republik und Österreich genannt, durch das der Eiserne Vorhang verlief und Europa teilte. Dem war eine leidvolle Geschichte vorausgegangen. Nach der nationalsozialistischen Machtergreifung in Deutschland geriet die Sudetendeutsche Partei in der Tschechoslowakei sukzessive unter den Einfluss des Deutschen Reiches. Als Adolf Hitler seine aggressive Expansion in Europa plante, zählte die Tschechoslowakei zu einem seiner ersten Ziele. 1938 verschärften sich die ethnischen Spannungen und Hitler befeuerte die Krise bis zur Eskalation. Sudetendeutsche Freikorps verübten Verbrechen gegen die tschechische Bevölkerung. Auch in Zettwing kam es zu einer Entführung von 20 tschechoslowakischen Grenzbeamten samt Frauen und Kindern, und an der Maltsch forderten Feuergefechte sogar Todesopfer.

Mit dem Münchner Abkommen zwang Hitler die Prager Regierung, die Sudetengebiete an das Deutsche Reich abzutreten. Die tschechische Bevölkerung in den überwiegend von Deutschsprachigen bewohnten Grenzgebieten musste daraufhin in das tschechoslowakische Kerngebiet aussiedeln. Wenige Monate danach brach Hitler das Abkommen, annektierte das verbliebene tschechische Staatsgebiet, von dem sich die Slowakei unabhängig gemacht hatte, und errichtete das Protektorat Böhmen und Mähren. In den folgenden Jahren wurde das Protektorat wirtschaftlich ausgebeutet. Die Lage gegenüber der tschechischen und der jüdischen Bevölkerung verschärfte sich zusehends, was in Wellen von Umsiedelungen, Deportationen und Ermordungen mündete.

Das Dorf Cetviny ist beinahe spurlos verschwunden – das Gedenken an seine Bewohnerinnen und Bewohner wird von engagierten Leuten aufrecht erhalten.

Als Vergeltung für den nationalsozialistischen Terror im Protektorat Böhmen und Mähren wurde nach Kriegsende die gesamte deutschsprachige Bevölkerung gezwungen, das tschechoslowakische Staatsgebiet zu verlassen, ihr Vermögen wurde konfisziert. 1951 wurden die unmittelbaren Grenzgebiete zur »Verbotenen Zone« erklärt, dazu gehörte auch Cetviny, und die damals letzten etwa 40 Bewohnerinnen und Bewohner mussten den Ort verlassen. Wenige Jahre später wurde das Dorf geschleift – bis auf die Kirche, die Kaserne und das Zollhaus, welche die Grenzsoldaten nutzten. Ein Relikt dieser Zeit ist das verfallene Kasernengebäude schräg gegenüber der Kirche.

»Hier war der Marktplatz«, zeigt Hubert Roiß in ein Dickicht von Bäumen und Wiesen, in dem vor nicht einmal 80 Jahren noch 110 Häuser standen. Der pensionierte Historiker, Geograf und Tourismusfachmann engagiert sich schon seit vielen Jahren für einen grenzüberschreitenden Dialog. Als Symbol dieses Dialogs wurde mit Hilfe deutscher, österreichischer und tschechischer Unterstützerinnen und Unterstützer sowie zahlreicher Freiwilliger mit der Renovierung der Maria-Geburt-Kirche aus Cetviny ein Ort der Erinnerung und Versöhnung geschaffen, denn seit dem EU-Beitritt Tschechiens 2004 ist die Grenze endlich wieder Geschichte.

Die Marienkirche mit ihren 700 Jahre alten Fresken kann besichtigt werden.

Roiß' eigene Familiengeschichte spielte sich auf beiden Seiten der Grenze ab. Sein Urgroßvater kam Ende des 19. Jahrhunderts aus dem oberösterreichischen Nachbarort Leopoldschlag nach Cetviny und übernahm dort ein Kaufhaus, das sein Großvater weiterführte. Roiß' Vater wuchs in Cetviny auf, seine Mutter stammte aus Prag. 1946, ein Jahr vor seiner eigenen Geburt, musste die Familie die Tschechoslowakei verlassen und zog ins nur vier Kilometer entfernte, österreichische Windhaag. Dass es dabei zu keinen gewalttätigen Zwischenfällen mit den »Rotgardisten« kam, war dem tschechischen Kommissar Josef Chýle zu verdanken, der die deutschsprachigen Bewohnerinnen und Bewohner kannte und seine schützende Hand über sie hielt.

Hubert Roiß verbrachte seine Kindheit am Eisernen Vorhang. Oft machte sein Vater mit ihm einen Umweg und die beiden schauten auf die andere Seite, wurden Zeugen, als die Häuser von Cetviny abgerissen wurden. Am Grenzfluss, der Maltsch, waren die Kinder aus Windhaag oft zum Baden und Angeln, dennoch war der Eiserne Vorhang eine gefährliche und unruhige Zone: »Es gibt ein Foto, auf dem man mich mit Freunden am Ufer der Maltsch sieht, während auf der anderen Flussseite die Grenzsoldaten baden. Wenige Wochen nachdem das Foto entstanden war, schoss einer dieser Männer auf drei Brüder, die aus der Tschechoslowakei fliehen wollten. Zwei starben. Was mit dem Dritten geschah, wusste man lange nicht, wir hörten nur Gerüchte.« Schicksale wie diese lassen Roiß keine Ruhe. Er forschte in Archiven, machte die Angehörigen nahe Kaplice ausfindig und besuchte sie, um herauszufinden, was aus dem Überlebenden geworden war.

»1985 nahm die Volksschule von Windhaag mit der tschechischen Seite in Malonty Kontakt auf. Man organisierte gegenseitige Besuche. Natürlich war all das mit den höchsten staatlichen Sicherheitsvorkehrungen verbunden, ein pensionierter Staatspolizist begleitete das Geschehen«, berichtet Roiß. Zwei Jahre später besuchten einander die südböhmischen und die oberösterreichischen Grenzbürgermeister, mit dabei auch Roiß, der damals Bürgermeister von Windhaag war. Was lange getrennt war, begann sich allmählich wieder anzunähern. Begegnungen gab es seither viele, vor allem auf kultureller Ebene. Im Jahr 2013 thematisierte die oberösterreichische Landesausstellung unter dem Titel *Neue Spuren. Alte Wege* die Verbindungen zwischen der österreichischen und der tschechischen Seite.

Die Marienkirche von Cetviny hat, wenn auch schwer beschädigt und zwischenzeitlich als Wachturm, Lager und Stall genutzt, vieles überstanden: 600 Jahre Geschichte, eine Reihe unheilvoller politischer Entwicklungen und sogar einen Sprengversuch. 1997 begann das Bistum Budweis mit der Renovierung. 2003 wurde die Kirche wieder eingeweiht, musste aber wegen Wasserschäden noch einmal gründlich saniert werden, ehe ihre Türen nun wieder für Besucherinnen und Besucher geöffnet werden.

»Das Interesse von tschechischer Seite ist enorm groß, gelegentlich kommen sogar Interessierte aus Prag und Brünn«, erzählt Roiß. Begeistert berichtet er auch von ein paar jungen Menschen, die ein Haus auf dem Gebiet einer anderen verschwundenen Ortschaft nördlich von Cetviny bewohnen: sie haben sich die Mühe gemacht, die Umgebung zu kartieren und die Standorte der früheren Häuser mit Pfählen zu markieren. Es sind oft kleine Geschichten, Einzelschicksale, mit denen sich das große Ganze erschließen lässt. In diesem Sinne haben Roiß und zahlreiche Ehrenamtliche aus Österreich und Tschechien um die Kirche herum Infosäulen aus Granit aufgestellt, auf denen die Geschichte von Menschen aus der Region erzählt wird.

Info

Erinnerungsort Cetviny / Zettwing

südöstlich von 382 41 Dolní Dvořiště

Himmlisches und Wundersames

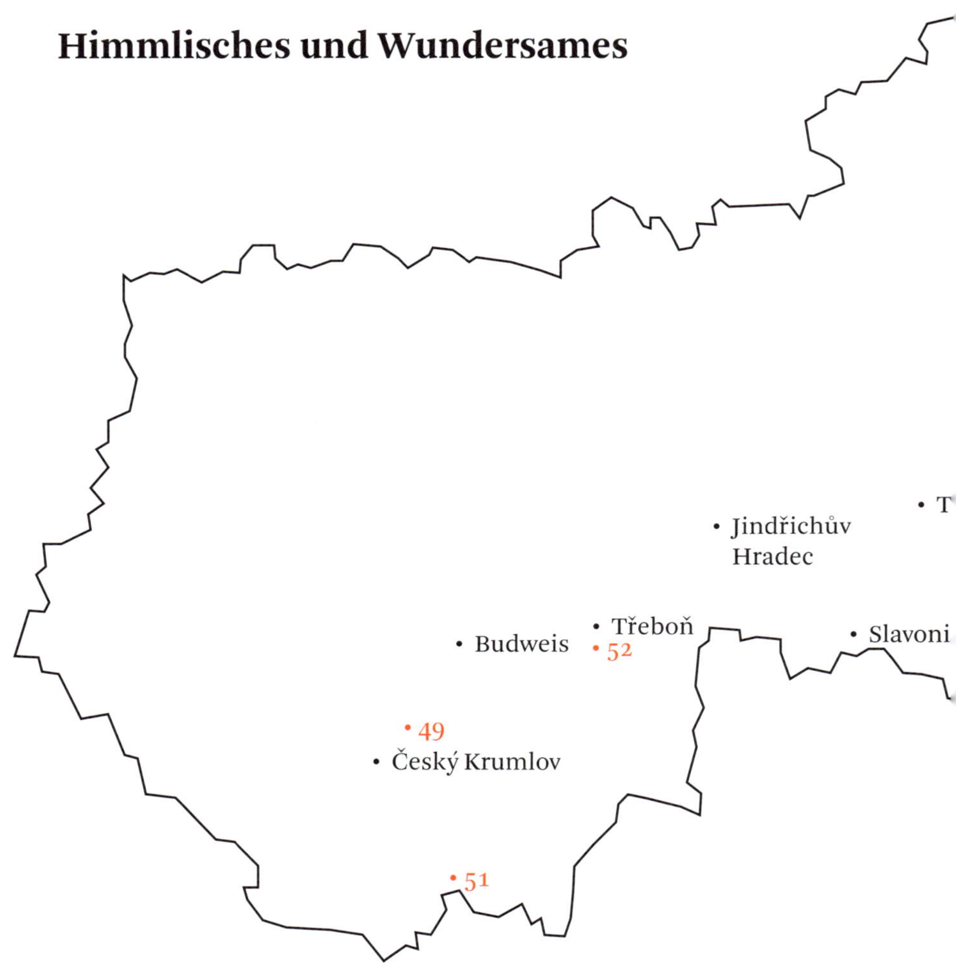

Wussten Sie, dass … ?

… die Krypta der Třebíčer Basilika auch schon als Bierlager, Stall und Filmdrehort diente?

… das Wort »Polier« von der berühmten Baumeisterfamilie Parler abgeleitet wurde?

… ein gespaltener Stein Wunder wirken kann?

… man buddhistische Kunst am stimmungsvollsten in einem alten Wasserturm betrachtet?

48 St.-Prokop-Basilika, Třebíč

Das Tor zum Mittelalter

Die St.-Prokop-Basilika diente dem besten tschechischen Film aller Zeiten als authentischer Drehort.

Auf das richtige Licht kommt es an. Die Festbeleuchtung in Kirchen, Burgen und Schlössern verzerrt die Wirkung, für die Bauwerke vor der Elektrifizierung geschaffen wurden. Im richtigen Licht hingegen zeigt der Regisseur František Vláčil die St.-Prokop-Basilika in seinem Film *Marketa Lazarová*, der 1967 in die Kinos kam. Der Film gilt nicht nur als ein Hauptwerk der tschechischen Nouvelle Vague, sondern wurde von Filmkritikerinnen und -kritikern in den 1990er Jahren zum besten tschechischen Film aller Zeiten gewählt. Vláčil zeigt darin das Mittelalter so authentisch, dass man meinen möchte, er habe es selbst erlebt. Und in gewisser Hinsicht ist das gar nicht so falsch. In einem Interview erwähnte der Regisseur einmal, dass er, immer wenn er einen Historienfilm sehe, das Gefühl habe, er sehe Menschen aus der Gegenwart in Kostümen einer vergangenen Zeit. Ihm war es aber daran gelegen, die Menschen im Mittelalter zu verstehen und die Welt durch ihre Augen zu sehen. So zog er sich mit seinem Team zwei Jahre in den Böhmerwald zurück, wo die Crew hungerte und Lumpen als Kleidung trug und allmählich mehr ihren Instinkten und Grundbedürfnissen zu gehorchen lernte, wie es der Regisseur den mittelalterlichen Menschen attestierte – eine radikale Form des Method Acting.

Neben fackelbeleuchteten Burghöfen und kargen Winterlandschaften ist die St.-Prokop-Basilika als schützender Ort des mittelalterlichen Glaubens filmisch in Szene gesetzt. In der romanischen Krypta beten Nonnen im Kerzenschein, abgewandt ziehen sie an der jungen Marketa vorbei, die mit ihrem Vater, dem Bauern Lazar zum Kloster gekommen ist, weil sie in den Orden eintreten soll. Lazar döst neben dem Portal der Basilika, wo die Äbtissin auf ihn trifft. Der Bauer befindet sich in einem Kleinkrieg mit dem benachbarten Räuberclan, von dem Marketa im weiteren Verlauf des Filmes entführt wird.

Das romanische Eingangsportal mit seinen üppigen Verzierungen und das 700 Jahre alte Holzgewölbe in der Krypta entführen ins Mittelalter.

Die Basilika betritt man ebenso wie im Film durch das überdachte Portal. Dieses sogenannte »Tor zum Paradies« wirkt enigmatisch und alt. Zwischen Granitsäulen und auf reich und kleinteilig verzierten Sandsteinbögen werden Lobeshymnen aus dem alttestamentarischen Buch Daniel in einem Reigen aus Ornamenten, rankenden Pflanzen, Tieren und Menschen dargestellt.

Die Basilika ist in der ersten Hälfte des 13. Jahrhunderts entstanden und gehörte zum Benediktinerkloster, das Anfang des 12. Jahrhunderts gegründet wurde. Tief und mächtig wirkt das 70 Meter lange Mittelschiff. Auf den Steinen sind die Signaturen von 600 verschiedenen Steinmetzen zu erkennen. Die Benediktiner ruhten bis ins 16. Jahrhundert in der Krypta. Das Gewölbe mit seinen 50 Säulen ist der älteste Teil der Basilika, sogar die Holzdecke zählt 700 Jahre. Zwischenzeitlich wurde die Krypta als Bierlager genutzt. Nach dem böhmisch-ungarischen Krieg war die Basilika so schwer beschädigt, dass sie 200 Jahre lang als Stall, Brauerei und Getreidespeicher genutzt wurde. Erst im 18. Jahrhundert wurde die Basilika wieder aufgebaut und dem heiligen Prokop, einem tschechischen Nationalheiligen, geweiht.

Info

St.-Prokop-Basilika
Zámek 1, 674 01 Třebíč

Das vergoldete Kloster

Es war einst das reichste und mächtigste Kloster Böhmens. In seinen alten, dicken Mauern hat sich die Geschichte gut erhalten.

Den klingenden Namen »Zlatá Koruna« (Goldenkron) trägt das ehemalige Zisterzienserkloster nicht von ungefähr. Im 12. und 13. Jahrhundert stieg es zu enormem Reichtum auf und vergoldete damit auch sein Image. Damals lebten 300 Mönche in Zlatá Koruna.

Gegründet wurde es im Jahr 1263 vom legendären König Přemysl Otakar II., dessen dramatisches »Glück und Ende« Franz Grillparzer in ein Trauerspiel goss. Otakar II. befand sich zum Zeitpunkt der Klostergründung politisch gesehen auf dem Höhepunkt. Zehn Jahre zuvor hatte er die böhmische Königskrone erhalten. Durch die Hochzeit mit der Babenbergerin Margarete, die um fast 30 Jahre älter war als er, hatte er sich die Herzogtümer Österreich und Steiermark gesichert – die Babenberger waren in der männlichen Linie ausgestorben. Nachdem er die Ungarn besiegt hatte, war seine Macht einstweilen gefestigt. Er ließ sich von Margarete scheiden und heiratete eine Enkelin des ungarischen Königs.

Als er die Zisterzienser aus Heiligenkreuz nach Südböhmen holte und das Kloster gründete, trug es zunächst den Namen *Sancta Corona Spinea (Heilige Dornenkrone)*. Grund dafür war eine Reliquie. In der Stiftungsurkunde steht, dass Otakar II. vom französischen König Louis XIV. einen Dorn aus der Krone Christi geschenkt bekommen hatte. In der Klosterbibliothek befindet sich eine Kopie dieser Urkunde und daneben die nachgebildete Begräbniskrone von Otakar II.

Mit dem Kloster wollte der böhmische König einerseits eine Brücke zwischen den babenbergischen Ländern bauen, andererseits die lokale Macht der in Südböhmen aufstrebenden Witigonen ein wenig bremsen. Erst vier Jahre zuvor hatte Vok von Rožmberk das nahe Zisterzienserkloster Vyšší Brod gegründet. Das eigentliche Ziel Otakars II. war es, Kaiser des Heiligen Römischen Reiches zu werden. Als es 1273 schließlich zur Wahl kam, gaben die Kurfürsten

Der Kreuzgang des Klosters mit seinen wundervoll restaurierten Malereien und Stukkaturen.

dem wesentlich schwächeren Rudolf I. von Habsburg ihren Vorzug, war ihnen der Aufstieg von Otakar II. doch zu steil gewesen und seine Machtfülle zu groß. Damit war der Anfang vom Ende des böhmischen Königs besiegelt. Fünf Jahre später musste er in der blutigen Schlacht auf dem Marchfeld sein Leben lassen.

Noch am Zenit seiner Macht schenkte Otakar II. dem Kloster umfangreiche Besitzungen und schuf damit die Grundlage immensen Reichtums, den das Kloster durch die Kolonisationsstrategie der Zisterzienser noch vermehren sollte. Vor allem die vielen Dörfer, die zum Kloster gehörten, brachten laufend hohe Einnahmen. Um genau diese Besitzungen wurde aber auch erbittert gestritten mit weltlichen und geistlichen Widersachern. Nach Otakars II. Tod auf dem Schlachtfeld ließ Rudolf I. von Habsburg das Kloster überfallen.

Die Klosterkirche trägt die Handschrift der berühmten Baumeisterfamilie Parler.

Mitte des 14. Jahrhunderts zerstörte ein verheerender Brand das Kloster. Für den Wiederaufbau holte man Michael Parler, der einen der größten Kirchenbauten des Landes schuf. Seine Handschrift offenbart sich in den steinernen Maßwerken der Kirche und der Rosette im Querschiff. Die Parlers waren eine Familie von Baumeistern und Steinmetzen aus Schwäbisch-Gmünd, die ihre Spuren in der Kunstgeschichte Europas hinterlassen haben. Michael Parlers Bruder Peter schuf den Prager Veitsdom. Das Wort »Polier«, mit dem heute Vorarbeiter bezeichnet werden, leitet sich vom Namen der Familie »Parler« ab.

Nachdem das Kloster 1420 von den Hussiten erobert und niedergebrannt wurde, begannen schwierige Zeiten. Der Gebäudekomplex befand sich teilweise in ruinösem Zustand. Zunächst vom König an die Rosenberger verpfändet, kam Zlatá Koruna später unter den Einfluss der Eggenberger und danach an die Schwarzenberger. Im 17. Jahrhundert wurde das Kloster im barocken Stil wieder aufgebaut. Damals schuf der Bildhauer Jakob Eberle das Scheingrabmal Otakars II., das sich links vom Presbyterium in der Kirche befindet. Der geöffnete Sarg symbolisiert, dass der Tote nicht an dieser Stelle ruht.

Kurz bevor Kaiser Joseph II. das Kloster 1785 im Zuge seiner Reformen auflösen ließ, gab es noch einmal eine Hochphase. Abt Bohumír Bylanský ließ das gesamte Kloster mit Wandmalereien und Stuckarbeiten verzieren. Im Kreuzgang entfalten sie eine überwältigende Wirkung. Bylanský ließ auch eine Sternwarte und eine Spinnerei bauen und gründete eine Schule für Burschen und Mädchen. Dass damals schon anschaulich unterrichtet wurde, zeigen die Bilder, die in der Klosterküche ausgestellt sind. Sie wurden von einem Laienbruder gemalt und dienten zur Illustration des Unterrichtsstoffes. Bylanskýs Bildungsmaßnahmen folgten den Prinzipien des visionären tschechischen Pädagogen Johann Amos Comenius, der im 17. Jahrhundert gewirkt hatte.

Die Schwarzenberger kauften das säkularisierte Kloster und nutzten es als Produktionsstätte. Zunächst war es eine Tuchfabrik, dann eine Gießerei bis ins Jahr 1909. Nachdem sich der bauliche Zustand in der kommunistischen Zeit verschlechtert hatte, wurde das Kloster in den 1990er Jahren zu einem nationalen Kulturdenkmal erklärt und restauriert.

Alle Epochen, von Gotik über Barock bis Rokoko, haben tiefe Spuren in dem alten Gebäudekomplex hinterlassen. Wer durch die dicken Mauern ins Klosterinnere gelangt und von der Schutzengelkapelle, einem der ältesten Gebäude, durch den Garten in das Hauptgebäude mit seinen Rokoko-Verzierungen geht, macht eine Reise durch die Stile der früheren europäischen Kunstgeschichte.

Info

Kloster Zlatá Koruna

Zlatá Koruna 1, 382 02 Zlatá Koruna

Tipp

Die Ruinen von Kuklov

In Kuklov finden sich nicht nur die letzten Überreste einer Burg, sondern auch die Ruinen eines Klosters, das im Dreißigjährigen Krieg zerstört wurde. Die Bevölkerung nutzte die verlassenen Gebäude als Quelle für Baumaterial und errichtete innerhalb der alten Klostermauern neue Wohnhäuser.

Momente der Ruhe

Das älteste Frauenkloster Mährens ist ein imposantes architektonisches Kunstwerk der Hochgotik. Seine Ruinen zeugen von einer langen und wechselhaften Geschichte.

Es lässt sich angenehm wandeln zwischen den hohen, uralten Mauern. Durch das gut erhaltene Portal, von dem Christus herabblickt, der das *Buch des Lebens*, ein göttliches Verzeichnis wohlgefälliger Menschen, hält, gelangt man in das 45 Meter lange Hauptschiff der Klosterkirche. Die Wendeltreppe, die auf den rechten Turm führt, ist hinter offenen Mauerteilen gut zu erkennen.

Hin und wieder sind Geräusche aus der Umgebung zu hören, innerhalb der Mauern aber scheinen sie fern. Über die Südwand ist die restaurierte Sakristei zugänglich, in deren Gewölbe es finster ist. Die ganze Dimension des Klosters ist am besten am Schnittpunkt von Hauptschiff und Querschiff spürbar, wenn man an den Mauern hoch in den Himmel schaut. Dort, wo einmal Altäre für den heiligen Fabian, den heiligen Sebastian und Johannes den Täufer standen, ist heute nur leerer Raum. Zwischen den Ziegeln finden sich noch Reste von Skulpturen und Details, welche die Spuren der Jahrhunderte offenlegen und zeigen, dass der gotische Umbau unter dem Einfluss vom Prager Veitsdom und der Architektur Peter Parlers stand.

Das Getöse von Umwälzungen, Konflikten und Kriegen der Vergangenheit scheint hier zur Ruhe gekommen. Im verwachsenen Kreuzgang ist die Zeit nur mehr ein relatives Gefüge. Der von dort aus erreichbare Kapitelsaal, der von zwei Kreuzrippenbögen getragen wird, ist der am besten erhaltene Teil des Klosters. Vor allem das obere Stockwerk erlaubt einen eindringlichen Blick auf seine dramatische Geschichte.

Die Motive zur Erbauung des Klosters beruhen auf einer Legende um Vilém von Kounic, einen Vorfahren des Adelsgeschlechtes der Kaunitz. Um Vergebung für seine Gräueltaten bittend – er soll Kirchen und Klöster geplündert haben – pilgerte der Graf nach Rom.

Das einst blühende Kloster mit dem himmlischen Namen *Rosa Coeli* ist heute eine Ruine.

Das verwaiste Langschiff der Klosterkirche wird noch immer von der zarten Architektur der Hochgotik geprägt.

Der Papst, heißt es, habe ihn angehört und als Wiedergutmachung die Gründung eines Klosters in Südmähren aufgetragen. Vilém von Kounic ließ daraufhin ein Kloster für die heilige Jungfrau Maria bauen. 1183 zogen die Nonnen des Prämonstratenserordens dort ein. Erst später erhielt es seinen poetischen Namen *Rosa Coeli – Rose des Himmels*. In den folgenden 250 Jahren entwickelte sich das Kloster prächtig. Rasch gelangte es unter die Schirmherrschaft des Papstes, durfte Zehent von 16 Kirchen einholen. Hundert Jahre nach seiner Gründung kam es sogar unter den Schutz von König Václav II. Rosa Coeli erhielt Schenkungen, verfügte über zahlreiche Liegenschaften und hatte ausreichend Einnahmequellen. Im 14. Jahrhundert wurde das romanische Kloster im gotischen Stil umgebaut und nahm damit jene Form an, die heute noch in den Ruinen erhalten ist.

Der langsame Niedergang begann, als die Hussiten das Kloster 1423 niederbrannten. Nach einiger Zeit stürzte das beschädigte

Dachgewölbe ein und wurde daraufhin durch eine Balkendecke ersetzt. Die religiösen Wirren hatten das angeschlagene Kloster fest im Griff. Anfang des 16. Jahrhunderts konvertierte der Propst zum lutherischen Glauben, heiratete eine Nonne und brannte nach Mikulov durch, wo er sich den Wiedertäufern anschloss. Die Gerüchteküche um Rosa Coeli brodelte, es hieß, die ansässigen Nonnen frönten einem zügellosen Lebensstil, was den Zorn der Bevölkerung hervorrief. Das Kloster wurde überfallen, seine Bewohnerinnen ermordet. Damit begann eine Zeit des Besitzerwechsels. Zuerst fiel Rosa Coeli an die Markgrafschaft Mähren, die übergab es dem Habsburger König Ferdinand, der verkaufte es Jiří Žabka von Limberk, dem Vizekanzler des Königreichs Böhmen. Der wiederum renovierte die Kirche und ließ sich eine Familiengruft darin errichten, sein Sohn hatte allerdings kein Händchen für Geld und verlor Vermögen und Besitz der Familie. Danach wechselte das Kloster mehrmals Besitzer, bis Ende des 17. Jahrhunderts wieder die Prämonstratenser einzogen. Sie waren aus dem Kloster Strahov, nahe Prag, gekommen. Der Gutsbesitzer Ferdinand von Dietrichstein begann eine großzügige Barockrenovierung und baute verfallene Strukturen wieder auf. Am Kreuzgang findet sich der Schlussstein mit der Inschrift *RESTAURATUM A. MDCCI VAS – restauriert 1701, Veit Abt von Strahov.*

Im Jahr der Kirchenweihe, 1703, wurde ganz Dolní Kounice Opfer eines Brandes, der auch das frisch rekonstruierte Kloster zerstörte. Zwar wurde das Klostergebäude wieder bewohnbar gemacht, die Kirche aber konnte nicht ein weiteres Mal aufgebaut werden. 1808 verließen die Prämonstratenser das Kloster. Danach war es endgültig dem Verfall preisgegeben.

Das Bistum Brünn, heutiger Besitzer des Klosters, bemüht sich darum, die Ruine in gutem Zustand zu erhalten. Neben Kulturveranstaltungen spielte es vor allem eine atmosphärische Rolle in zahlreichen tschechischen Filmproduktionen.

Info

Kloster Rosa Coeli

664 64 Dolní Kounice

• www.dolnikounice.cz

Tipp

Synagoge

In Dolní Kounice befindet sich eine der ältesten Synagogen von Mähren. 1652 erbaut, wurde sie nach dem Zweiten Weltkrieg als Gemüselager genutzt und dient heute als örtliches Kulturzentrum.

Der heilige Stein

Seit Jahrhunderten zieht ein sagenumwobener Stein die Menschen in ihren Bann. Um ihn herum entstand eine Wallfahrtstradition, die bis heute höchst aktiv ist.

Manche Orte besitzen eine Anziehungskraft, die sich nicht logisch erklären lässt. Seit Jahrhunderten übt der heilige Stein auf einer Anhöhe südöstlich von Rychnov nad Malší eine solche Anziehung auf die Menschen aus der näheren und ferneren Umgebung aus.

Der riesige, in zwei Brocken gespaltene Fels soll eines Tages aus dem Nebel aufgetaucht sein, als wäre er aus einer fernen Zeit in der Gegenwart an Land gespült worden. Zwei Hirten, die gerne bei dem Stein Pause machten, soll ebendort die heilige Jungfrau Maria in himmlischer Schönheit und im Glanz der Engel erschienen sein. Während die Hirten gebannt das Geschehen beobachteten, soll plötzlich der Stein in zwei Hälften gebrochen sein. Wie oft bei Legenden, gibt es unzählige Abwandlungen der Geschichte: Der einen Version zufolge wird der Spalt immer breiter, der anderen nach immer schmäler. Sind die beiden Hälften wieder zusammen – heißt es – naht das jüngste Gericht.

Mit dem heiligen Stein werden mehrere Orte in der Region in Verbindung gebracht. Grund dafür soll eine Reise Marias mit dem Jesuskind gewesen sein. Diese habe sie eines Tages auch auf den Großen Zwickelberg geführt. Müde vom Fußmarsch soll sie sich auf einem Stein ausgeruht haben. Als dieser ihren Körper spürte, soll er sich ihm angepasst, eine Lehne für Marias Rücken und einen Schemel für ihre Füße ausgeformt haben. Ein Bauer, dessen Ochsen nicht an der Heiligen vorbei gehen wollten, rastete aus und fluchte lautstark. Daraufhin wanderte sie weiter zum Kleinen Zwickelberg, wo sie den Sommer verbrachte, und wo sie letztlich der Lärm der Hirten vertrieb. Um den Brunnen, an dem sie dort lebte, soll seither in keinem Winter mehr der Schnee liegenbleiben. Schließlich sei sie auf ihrer Weiterreise auf einem Stein sitzend gesehen worden, worauf

Der heilige Stein ist eine wichtige Pilgerstätte für Trostsuchende.

man ihr zu Ehren an dieser Stelle eine Kirche erbaute.

Zunächst, nämlich Anfang des 16. Jahrhunderts, wurde tatsächlich von den Klarissinnen aus Český Krumlov eine Kapelle errichtet. Pilgerinnen und Pilger kamen und schnell machten auch Berichte von Wundern die Runde. So soll auch die nahe Quelle Heilung bewirkt haben. 1653 ließ die Äbtissin Kristina Pöpperl eine neue Kapelle über dem heiligen Stein errichten. Weil diese aber dem Ansturm der Gläubigen nicht gerecht wurde, entstand mit finanzieller Unterstützung von Anna Maria von Brandenburg-Bayreuth zu Eggenberg, die damals nach dem frühen Tod ihres Mannes die Herrschaft von Český Krumlov verwaltete, die Wallfahrtskirche Panny Marie Sněžné (Maria Schnee). Der Papst genehmigte die Gründung der *Bruderschaft der Unbefleckten Empfängnis Mariens* beim Heiligen Stein und für die Klarissinnen entstand ein kleines Kloster. Das Wallfahrtswesen boomte. 1778 erhielt die Kirche von den Klarissinnen in Český Krumlov sogar die sterblichen Überreste der altchristlichen Märtyrerin Konkordia. Kurz darauf ließ Kaiser Joseph II. im Geiste der Aufklärung die Wallfahrtstradition verbieten und das Kloster der Klarissinnen räumen. Nichtsdestotrotz überlebte die Pilgertradition den Kaiser und später auch die Kriege und die kommunistische Zeit.

Den Raum mit dem Stein zu betreten ist ein seltsames Erlebnis. Auf den Felsen, an den Wänden und sogar am Boden türmen sich persönliche Botschaften, Bilder, Briefe und Gegenstände, die Menschen hinterlassen haben, um ihren Hoffnungen, Ängsten oder ihrer Dankbarkeit Ausdruck zu verleihen.

Info

Svatý Kámen in der Kirche Panny Marie Sněžné

Dolní Dvořiště 97, 382 41 Dolní Dvořiště

52 Galerie der buddhistischen Kunst im Wasserturm, Třeboň

Buddha im Wasserreservoir

Am Rande Třeboňs steht ein auffälliger Turm. In seinem Inneren verbirgt sich ein buddhistischer Kunstschatz aus der Mongolei.

Auf den ersten Blick könnte es sich auch um einen Leuchtturm handeln. Aber wem sollte hier geleuchtet werden? Die einzigen Schiffe, die in der näheren Umgebung verkehren, sind die Ausflugsboote am Teich Svět. Und ein Meer gibt es auch nirgendwo, dafür aber die weitläufige Třeboňer Teichlandschaft. Die unzähligen großen und kleinen Wasserflächen sind alle miteinander verbunden durch den 45 Kilometer langen Goldenen Kanal, den der geniale Ingenieur Štěpánek Netolický im Auftrag von Petr IV. von Rožmberk zwischen 1505 und 1520 konstruiert hat. Als Dank für seine Pioniertat wurde er von der Leibeigenschaft befreit. Der bis heute bestehende Kanal ist nicht nur die »goldene« Wasserader, welche die vielen Fischteiche miteinander verbindet, in der Vergangenheit regelte er auch die Trinkwasserversorgung für Třeboň.

Anfang des 20. Jahrhunderts waren die Kapazitätsgrenzen des Kanals erreicht, zudem hatte er keine Trinkwasserqualität. Infolgedessen ließ die Stadtverwaltung ein neues Wasserversorgungssystem bauen. Dafür wurde der markante Turm über einem Brunnen errichtet. Das Wasser konnte mithilfe einer motorisierten Pumpe aus der Tiefe gefördert und im Reservoir zwischengespeichert werden. In dem stählernen Wassertank hatten 300 Kubikmeter Wasser Platz – was etwa 2.000 Badewannenfüllungen entspricht.

Das außergewöhnlich schöne Erscheinungsbild des Bauwerks mit den unverputzten Ziegeln stammt aus der Feder von Jan Kotěra, einem Wegbereiter der modernen Architektur, der als Professor mehrere Generationen von Architekten prägte. Eigentlich handelt es sich bei dem Třeboňer Turm um eine Kopie, das Original wurde zwei Jahre zuvor in Prag errichtet.

Der alte Wasserturm bietet ein ganz besonderes Rundum-Kunsterlebnis.

Bis 1966 war der Wasserturm im Einsatz und versorgte Třeboň mit Trinkwasser, danach wurde er stillgelegt. In seinem Inneren ist nun eine ganz andere Geschichte zu erfahren, die nichts mit Technik zu tun hat. An den Wänden sind buddhistische Kunstwerke aus der Mongolei ausgestellt, riesige religiöse Gemälde und Tempeltextilien, die nur so vor Farben sprühen. Beim Hochsteigen der vielen Treppen kann man die Kunstwerke in voller Pracht aus unterschiedlichen Blickwinkeln bewundern. Plötzlich steht man im Wasserreservoir, aus dem ein Galerieraum geworden ist, in dem kleinere Werke präsentiert werden. Die kostbare Sammlung stammt von dem Třeboňer Geologen Milan Klečka, der in den 1970er und 1980er Jahren in der Mongolei gearbeitet und eine beachtliche Auswahl wertvoller religiöser Kunstgegenstände zusammengetragen hat.

Klečka mietete den alten Wasserturm und begann mit einer umfassenden Restaurierung, um seinem Lebenswerk einen Platz zu geben. Mittlerweile betreibt die Stadt Třeboň die Galerie und ein Teil der Sammlung gehört dem Prager Náprstek Museum für asiatische, afrikanische und amerikanische Kulturen. Am Ende der Ausstellung befindet man sich ganz oben im Turm, in einer kleinen, engen Laterne, von wo sich die faszinierende Teichlandschaft überblicken lässt.

Info

Galerie der buddhistischen Kunst im Wasserturm

Na Kopečku 242, 379 01, Třeboň

Tipp

Schwarzenberger Gruft

Spazieren Sie vom Stadtzentrum den Teich Svět entlang zur nahegelegenen, sehenswerten Familiengruft der Schwarzenberger.

Lesetipps

Hilde Berger: *Egon Schiele. Tod und Mädchen*, Hollitzer Verlag, Wien, 2018

Beppo Beyerl: *Na Pivo mit Bohumil Hrabal und Jaroslav Hašek: Eine mährisch-böhmische Bierreise*, Löcker Verlag, Wien, 2016

Karel Čapek: *Bilder aus der Heimat*, Aufbau-Verlag, Berlin-Weimar, 1988

Franz Kafka: *Briefe an Milena*, Fischer Taschenbuch Verlag, Berlin, 1987

Jiří Kratochvil: *Brünner Erzählungen*, Braumüller Verlag, Wien, 2009

Jiří Kratochvil: *Das Versprechen des Architekten*, Braumüller Verlag, Wien, 2010

Jiří Kratochvil: *Die Causa Neufundländer*, Reihe: Tschechische Auslese, Wieser Verlag, Klagenfurt, 2018

Jiří Kratochvil: *Unsterbliche Geschichte oder das Leben der Sonja Trotzkij-Sammler oder Karussell*, Ammann Verlag & Co., Zürich, 2009

Gustav Meyrink: Der Golem, dtv, München, 2012

Jaroslav Rudiš: *Winterbergs letzte Reise*, Luchterhand, München, 2019

Harald Salfellner (Hg.): *LeseReise Böhmerwald*, Vitalis-Verlag, Prag, 2005

Harald Salfellner (Hg.): *LeseReise Mähren*, Vitalis-Verlag, Prag, 2005

Charles Sealsfield: *Österreich, wie es ist, oder Skizzen von Fürstenhöfen des Kontinents*, Forgotten Books, London, 2018

Adalbert Stifter: *Der Hochwald*, Reclam-Verlag, Ditzingen, 1974

Adalbert Stifter: *Witiko*, dtv, München, 2011

Adalbert Stifter: *Sämtliche Erzählungen*, dtv, München, 2017

Leo N. Tolstoi: *Krieg und Frieden*, Insel-Verlag, Berlin, 2007

Vladimíra Valová: *Ins Landesinnere*, Reihe: Tschechische Auslese, Wieser Verlag, Klagenfurt, 2018

Filmtipps

König des Böhmerwaldes, Karel Kachyňa, 1959

Bílá paní (Die weiße Frau), Zdeněk Podskalský, 1965

Lásky jedné plavovlásky (A Blonde in Love), Miloš Forman, 1965

Kdo chce zabít Jessii? (Who wants to kill Jessie?), Václav Vorlíček, 1966

Marketa Lazarová, František Vláčil, 1967 (nach dem gleichnamigen Roman von Vladislav Vančura)

Drei Haselnüsse für Aschenbrödel, Václav Vorlíček, 1973

Wie soll man Dr. Mráček ertränken? oder Das Ende der Wassermänner in Böhmen, Václav Vorlíček, 1975

Die Vampirprinzessin, Klaus T. Steindl, Andreas Sulzer, 2007

Bobule (Grapes), Tomáš Bařina, 2008

Der erste Tag, Andreas Prochaska, 2008

Besonderen Dank an:

Wir danken folgenden Personen, die uns mit wertvollen Informationen unterstützt haben:

Magdalena Černá, Leiterin Kultur- und Informationsstelle Ivančice
Günter Freinberger, Terra Technica
František Fürbach, Kurator Museum der Region Jindřichův Hradec
Tomas Hill, Hill's Absinth
Lenka Hůlková, Kustodin Adalbert Stifter Geburtshaus
HC Tiroler Wasserkraft Innsbruck – »Die Haie«
Dana Janovská, Informationszentrum NPP Dukovany
Moussa Kone
Anita Luttenberger
Lukáš Peroutka, Orli Znojmo
Rost'a Pfeffer, www.reklamafoto.cz
Stephan Rabl
Dr. Hubert Roiß
Bürgermeisterin Helga Rosenmayer, Stadtgemeinde Gmünd
Landesrat DI Ludwig Schleritzko
Bürgermeister Jaromír Slíva, České Velenice
Roman Tesař, Hasičský pivovar
Jan Václavovský, Marzipanmuseum Třeboň
Harald Winkler, Stadtgemeinde Gmünd

Wir danken allen Museen, Institutionen und Orten im Buch.

Wir danken dem Styria Verlag, insbesondere Dr. Johannes Sachslehner für seine Begleitung, seinen guten Rat und seine Unterstützung, Sophie Wolf, MA, Mag. Elisabeth Katzensteiner, MA, und Mag. Philipp Jongen.

Wir danken unseren Familien, Freundinnen und Freunden.

Johanna Uhrmann
ist in Niederösterreich geboren und aufgewachsen. Sie ist Grafikdesignerin, Fotografin und Kunsthistorikerin und lebt in Wien. Sie liebt Architektur und reist gerne. Gemeinsam mit Erwin Uhrmann schreibt sie Reisebücher, u.a. über die Wachau und das Waldviertel. www.johannauhrmann.at

Erwin Uhrmann
ist in Niederösterreich geboren. Er ist Schriftsteller und lebt in Wien. In seinen Romanen, Erzählungen und Gedichten geht es um die Flucht aus dem Alltag und Brüche mit der Zivilisation. Er liebt es zu reisen und hält sich gerne in einsamen Gegenden auf. www.erwinuhrmann.com

Liebe Leserin, lieber Leser,

haben Ihnen unsere Ausflüge nach Südböhmen und Südmähren gefallen? Dann freuen wir uns über Ihre Weiterempfehlung! Erzählen Sie in Ihrem Freundeskreis davon, in Ihrer Buchhandlung, oder bewerten Sie es online.

Wollen Sie weitere Informationen über die Regionen von der Moldau bis zur Thaya? Möchten Sie mit den Autoren in Kontakt treten? Wir freuen uns auf Austausch und Anregung unter **leserstimme@styriabooks.at**

Inspiration, Geschenkideen und gute Geschichten finden Sie auf **www.styriabooks.at**

STYRIA
BUCHVERLAGE

ISBN 978-3-222-13656-6

Bücher aus der Verlagsgruppe Styria gibt
es in der Buchhandlung und im Online-Shop
www.styriabooks.at

Cover: Český Krumlov, Foto: Adobestock/evgenij84
Cover-Klappe: Moldau bei Nová Pec; Rückseite: Teufelswand bei Vyšší Brod
Projektleitung: Johannes Sachslehner
Lektorat: Sophie Wolf
Fotos: Johanna Uhrmann, außer: S. 65: Orli Znojmo / Rost'a Pfeffer,
S. 191: Julian Tapprich
Umschlaggestaltung: Emanuel Mauthe
Layoutentwurf: Beton.studio
Satz: Johanna Uhrmann, johannauhrmann.at

Druck und Bindung: Finidr
Printed in the EU
7 6 5 4 3 2 1